성경의 비밀 I

예수 그리스도를 통해 드러나다

성경의 비밀 I

예수 그리스도를 통해 드러나다

지은이 | 함용진 · 염무생

2010년 2월 9일   초판 1쇄 인쇄
2010년 2월 16일   초판 1쇄 발행
2020년 12월 25일   개정판 1쇄 발행

기획 편집 | 염무생
교열 교정 | 인카네이션

발행처 | 도서출판 아브라함
발행인 | 함용진
등록번호 | 제 2020-000080 호
등록일자 | 2020년 11월 3일
주소 | 경기도 부천시 경인로 412번길 25, 506호
전화 | 0505-055-8291   팩스 | 0505-055-8292
홈페이지 | www.abrahambook.com
도서/내용 문의 | abrahambook@naver.com
※ 이 책을 읽다가 궁금한 점이 있으면 E-mail로 문의해 주세요.

ⓒ 함용진 / 염무생, 2020
ISBN 979-11-972396-0-1
〈도서출판 아브라함〉 도서번호 001

성경의 비밀 I

예수 그리스도를 통해 드러나다

함용진 · 염무생 지음

도서출판
아브라함

영생은
곧 유일하신 참 하나님과
그가 보내신 자 예수 그리스도를 아는 것이니이다
요한복음 17장 3절

들어가는 글

성경을 즐겁게 자주 읽는다는 것이 얼마나 복된 일입니까!

그런데 많은 그리스도인이 성경을 자주 읽고 싶어 하지만 성경 읽는 것을 주저하고 어려워하는 이유는 무엇 때문일까요? 모처럼 마음먹고 성경을 읽어도 얼마 지나지 않아서 자신도 모르게 성경을 멀리하고 읽지 않는 이유는 무엇 때문일까요? 그 이유는 개인마다 차이가 있겠지만 대개는 성경을 읽어도 어려워서 그 뜻을 잘 이해하지 못하기 때문일 것입니다. 하나님은 사람들이 성경을 읽으면 쉽게 이해하고 깨닫도록 하시지 왜? 이토록 어렵게 기록하셨을까요? 성경이 쉽게 이해가 된다면 흥미가 생기고 계속해서 성경을 읽으려 할 텐데 말입니다.

성경은 정말 평신도가 읽기에는 너무 어려운 책일까요? 그렇습니다! 성경은 평신도뿐만 아니라 목회자와 신학자에게도 어려운 책입니다. 성경이 어려운 책이라는 것을 우리는 인정해야 합니다. 사실 성경은 어려우면서도 쉬운 책이고, 쉬우면서도 어려운 책입니다. 성경이 정말 쉽고 재밌게 읽힌다면 그건 그 사람이 똑똑해서라기보다는 성령님이 말씀을 깨닫는 은혜를 주셔서 그럴 것이라는데 공감할 것입니다. 성경이 어렵다고 느끼는 이유는 성경이 하나님의 비밀을 기록한 책이기 때문입니다.

삼위일체 하나님에게는 어마어마하게 중요한 비밀이 있습니다. 하나님의 비밀은 영원 전에 스스로 계신 하나님께서 앞으로 하시고자 하는 일들에 대해 품으신 깊은 뜻으로, 하나님의 의도, 하나님의 영원한 계획을 말하는데 신학적인 용어로는 '신적 작정', 또는 '예정'이라고 말할 수 있습니다. 다시 말해 하나님의 비밀은 영원 전, 태초에 하나님이 천지를 창조하시기 훨씬 이전에 하나님께서 세우신 계획들을 말합니다. 하나님께서는 이 세상을 창조하실 때 목적을 가지고 창조하셨습니다. 하나님께서 세상을 창조하신 목적에 대해서는 다음에 출간할 '성경의 비밀Ⅱ(하나님나라 건설)'에서 밝히도록 하겠습니다.

성경을 읽는 이유는 바로 이 하나님의 비밀, 즉 하나님께서는 왜? 이 세상을 창조하셨으며, 왜? 예수 그리스도를 이 세상에 보내셨는가? 라는 하나님의 의도를 알기 위해서입니다.

본서는 성경에 숨겨져 있는 하나님의 비밀을, 다시 말해서 하나님의 의도를 이야기로 쉽게 풀어 써나가면서 신앙의 초보자가 쉽게 이해할 수 있도록 하였을 뿐만 아니라 오랜 신앙생활을 한 성도들에게도 성경을 이해하고 신앙생활 하는 데 많은 유익함을 주리라 믿습니다.

본서를 끝까지 읽어나가다 보면 어느 순간 성경을 보는 눈이 떠지게 될 것입니다. 성경이 하나님의 관점에서 보이게 될 것입니다. 신앙생활 하는 태도가 변하게 될 것입니다. 살아계신 하나님이 세상을 주관하고 계신다는 것을 알게 될 것입니다. 나의 생명의 주인이신 삼위일체하나님께 영광을 돌립니다.

2020년 12월

함용진 목사

*** 개정판을 출판하면서... ***

본서는 이전에 제가 개인적으로 발행해 지인들에게 선물로 드린 내용을 다시 정리해 내놓은 것입니다. 처음 이 글을 썼던 목적은 제가 세상을 떠날 때 사랑하는 딸들에게 무엇을 남기고 갈까 고민하다가 물질보다는 하나님의 말씀을 유산으로 남기는 것이 유익하겠다고 판단한 데 있었습니다. 우리 아이들이 성경을 보다 쉽게 읽고 이해할 수 있도록 글을 쓴다면 얼마나 좋을까 하는 생각이 들었고 결국 이 글을 쓰게 되었습니다. 그렇게 만들어진 내용을 책으로 묶어서 아이들에게 보여주었고, 제가 아는 분들에게도 선물로 드리게 되었습니다. 그분들은 이 책이 하나님을 믿지 않는 사람들뿐만 아니라 초신자와 기존 신자들에게도 유익하겠다는 평을 해 주셨는데 저는 이러한 분들을 위해서 글을 다시 정리해 2010년 2월에 초판을 출간하게 되었습니다.

본서의 내용은 지어낸 이야기도 아니고 상상해서 만들어낸 글도 아닙니다. 단지 성경에 기록된 내용을, 하나님에 대해 잘 알지 못하는 사람들이 쉽게 읽을 수 있도록 나름대로 간략하게 정리했습니다. 특별히 성경의 많은 내용 중에서 가장 핵심인 '구세주'에 대한 내용만을 주제로 정리했습니다. 그리고 처음 세상이 창조된 때부터 시간의 순서를 따라 연대기적으로 작성했습니다. 성경 해석에 대해서는 일부 개인적인 차이가 있을 수 있겠지만, 성경의 핵심은 변함없음을 말씀드립니다. 독자분들과 조금 다른 견해가 있다고 하더라도 너그럽게 이해해 주시기 바랍니다.

어떤 책이든 저자는 특별한 목적을 가지고 글을 써 내려갑니다. 성경의 저자이신 하나님도 특별한 목적을 가지고 사람을 통해 성경을 기록하셨습니다. 그 특별한 목적은 감추어진 비밀이었습니다. 그러나 이제는 누구나 알 수 있도록 그 비밀이 밝혀졌습니다. 본서를 통해 하나님의 그 특별한 목적이 무엇인지를 발견하시기 바랍니다.

저는 하나님을 믿으려고 교회를 나오기 시작한 지 얼마 되지 않은 분들과 교회에는 출석하지만, 구세주에 대한 확신이 없으신 분들에게 이 책이 도움이 되기를 기대하면서 기록했습니다. 본서를 읽는 모든 분이 성경 속에 감추어졌던 비밀을 발견하여 제가 믿는 예수님을 구세주로 받아들이고 구원의 길을 찾을 수 있기를 바랍니다. 그래서 훗날 우리가 천국에서 만날 수 있기를 진심으로 기도하고 소망합니다. 아무리 교회를 열심히 출석하고 하나님을 위해 물질과 몸을 바쳐 헌신한다고 해도 하나님이 말씀하신 구원의 법칙을 모른다면 절대로 구원받을 수 없습니다. 본서를 통해 꼭 성경에 숨겨져 있던 비밀을 발견하시길 소원합니다.

초판을 기록할 때는 저의 멘토이신 함용진 목사님의 가르침과 지도가 없었다면 감히 출판되지 못했을 것입니다. 금번에는 목사님과 공동으로 개정판을 출간하게 되었습니다. 이 책을 만들기까지 지켜 보호해 주신 나의 주인이요, 나의 구세주요, 나의 하나님이신 예수님께 영광을 드립니다.

2020년 12월

염무생 집사

하나님은 모든 사람이 구원을 받으며
진리를 아는 데에 이르기를 원하시느니라
디모데전서 2장 4절

차례

2부 약속의 성취를 위해
선택받은 아브라함과 그 후손들

3부　약속의 성취를 위해
　　이 땅에 오신 구세주

또 마음을 다하고 지혜를 다하고 힘을 다하여
하나님을 사랑하는 것과
또 이웃을 자기 자신과 같이 사랑하는 것이
전체로 드리는 모든 번제물과 기타 제물보다 나으니이다
마가복음 12장 33절

1부

창조와 타락, 그리고 하나님의 약속

내가 너로 여자와 원수가 되게 하고 너의 후손도 여자의 후손과 원수가 되게 하리니
여자의 후손은 네 머리를 상하게 할 것이요 너는 그의 발꿈치를 상하게 할 것이니라
창세기 3장 15절

Chapter 01
성경에 대하여

성경은 우주를 창조하신 하나님의 말씀을 기록한 책이다. 대부분의 책에는 주인공이 있기 마련이다. 성경의 주인공은 하나님이시다. 성경은 하나님이 누구이신지, 어떠한 분이신지, 그리고 어떠한 일을 하시는지에 관한 내용을 담고 있다.

성경에는 인간의 삶에 필요한 교훈이 많이 담겨 있다. 그러나 성경은 단순히 교훈이나 하나님에 대한 교리를 가르치기 위한 책이 아니다. 성경은 이 세상이 창조될 때부터 실제로 있었던 역사적인 사건에 관해서 기록하고 있다. 물론, 하나님이 한순간 번쩍 나타나서 기록한 것이 아니라 사람의 마음속에 감동을 주셔서 사람이 대신 기록한 것[1]이다.

성경은 여러 다른 문화적 배경과 서로 다른 시대에 살았던 40여 명의 다양한 직업을 가진 사람들에 의해 1,600년에 걸쳐 기록되었지만 마치 한 사람이 쓴 것과 같은 통일성을 가지고 있다. 1,600년이라는 긴 시간 동안 참으로 놀라운 통일성을 가지는 것에 대한 해답은 성경의 저자가 한

---

1) 모든 성경은 하나님의 감동으로 된 것으로 교훈과 책망과 바르게 함과 의로 교육하기에 유익하니 (딤후 3:16).

분이라는 데 있다. 이 한 분이 바로 성령 하나님이시다.

성경은 따로따로 기록되었던 것을 하나로 모아 성경전서를 이루었다. 성경은 크게 두 가지로 분류하는데, 구세주가 세상에 오시기 전에 기록한 성경을 구약성경이라고 하고 구세주가 오신 이후에 기록한 성경을 신약성경이라고 한다. 구약성경은 39권으로 되어 있고, 신약성경은 27권으로 되어 있어 전체 성경전서는 66권으로 이루어져 있다. 구약성경은 이스라엘 민족의 역사를 통해서 구세주가 오실 것을 핵심으로 하는 하나님의 말씀을 기록했고, 신약성경은 구약성경에서 약속한 구세주가 오신 일과 구세주가 하신 일과 사도와 제자들을 통해 하나님의 뜻을 나타내신 것을 기록했다.

구약성경을 알아야 신약성경을 이해할 수 있고, 신약성경을 알아야 구약성경의 사건을 정확히 이해하고 깨우칠 수 있다. 우리는 많은 책을 읽으며 감동하고 눈물을 흘리지만, 성경만큼 우리에게 감동을 주는 책은 없다. 시대적 상황과 환경에 따라서 모든 것이 변하고 바뀌고 오늘의 진리가 내일은 비진리가 되며 지식과 사상이 세월이 흐르면서 바뀌지만, 성경은 절대진리이기 때문에 언제나 변함이 없다.

성경의 기록자가 하나님이시므로 하나님이 말씀하신 것은 모두가 진리라는 사실을 인정하면서 이 책을 읽는다면 창조주 하나님이 피조물인 인간에게 무엇을 알려주시는지, 그 감추어진 비밀들을 발견해 나갈 수 있을 것이다. 이 비밀을 발견하고 믿는 사람만이 복 중에서 가장 큰 복을 받은 사람이 될 것이다. 책을 기록하는 저자는 자신이 쓰는 책을 통해 독자에게 무엇인가를 알리고자 하는 목적을 반드시 가지고 있다. 성경을 기록한 하나님께서도 성경책을 통해 많은 것을 사람들에게 알리고자 하셨다.

그중에서도 가장 핵심 중의 핵심은 구세주에 대한 내용이다. 하나님은 구약성경을 통해 구세주에 대한 비밀을 감추어 두셨지만, 구세주가 이 땅에 오시면서 그 감추어졌던 비밀이 세상에 알려졌다. 하지만, 세상 사람들의 귀와 눈이 둔하여 그 비밀을 듣지 못하고 보지 못하고 있다. 성경을 통해 감추어졌던 하나님의 비밀을 발견하고 그것을 믿는 사람은 참으로 복 받은 사람이다.

Chapter 02
스스로 계신 하나님

성경의 저자인 하나님은 어떤 분이신가?

세상에는 많은 종교와 신이 있는데 각자의 종교는 나름대로 자신들이 참된 종교임을 주장하고 믿는다. 그러나 모든 종교가 다 참된 종교일 수는 없다. 왜냐하면, 모든 종교가 다 참된 종교가 되려면 각자의 종교가 주장하는 신들이 모두 참된 신이어야 한다. 모든 방법이 참일 수 없듯이 모든 신이 참된 신일 수 없다.

수학에서 2×3=6이 참이라면 2×4=6이라는 답은 참이 아니며, 2×5=6이라는 답도 참이 아니다. 오직 2×3=6이라는 답만이 참이듯이 참 신도 오직 유일하신 한 분만 있을 것이요, 구원의 방법도 오직 하나밖에는 없을 것이다. 참된 신이 되기 위해서는 몇 가지 조건이 반드시 있어야 한다고 생각한다. 능력의 한계가 없어야 하고 영원해야 하며 변함이 없어야 한다. 그리고 지혜롭고 거룩하고 공의로우며, 선하고 거짓이 없는 진실한 존재라야 한다. 이러한 분이 존재한다면 우리는 그분을 의지하고 따를 수 있을 것이다. 추가로 참된 신이 되기 위한 조건은 무엇보다도 피조물이 아닌 창조주라야 하며 인간이 가지고 있는 육체(肉體)와는 다른 영(靈)으로 존재해야 한다.

지구상에 존재하는 대부분의 종교는 피조물인 사람이 만든 종교이기 때문에, 이들 종교의 신 또한 참된 신이 아닌 사람이 만든 피조물에 불과하며, 눈으로 보이지 않는 영(靈)이 아닌 형상을 가지고 있다. 하지만 성경에 등장하는 하나님은 위의 참된 신이 되기 위한 조건을 모두 갖추신 유일하신 분이다. 이 세상의 모든 만물을 하나님이 창조하셨다는데, 그러면 하나님은 누가 창조하셨을까? 성경에 등장하는 인물 중에 모세라는 사람이 있다. 모세가 처음 하나님을 만났을 때, 하나님께 물었다.

"당신은 누구입니까?"

"나는 스스로 존재하는 자이다!"

우리 인간의 상식과 지식으로는 이해할 수 없지만, 하나님은 스스로 계신 분이시다. 누구도 하나님을 창조한 적이 없다는 뜻이다. 일반적인 종교에서는 사람들이 뭔가를 의지하려고 신을 만들었다. 그러나 기독교는 사람이 만든 종교가 아니라 하나님이 사람을 먼저 찾아오신 종교이다. 하나님이 먼저 사람을 부르시고 어떻게 사는 것이 바른 삶인가에 대한 것들을 가르치고 지시하고 도와주셨다.

우리가 잘 알고 있는 노아에게도 하나님이 먼저 찾아오셨고 홍해의 기적을 일으킨 모세에게도 하나님이 먼저 찾아오셨다. 그리고 그들을 영원한 죽음에서 구원해 주셨다.

Chapter 03
영의 세계를 창조하신 하나님

그렇다면 스스로 존재하시는 하나님은 어떤 일을 하셨는가?

우리가 사는 지구와 우주가 생겨나기 이전에 하나님께서는 우리 인간의 눈에 보이지 않는 영의 세계를 먼저 창조하셨다. 그리고 하나님의 일을 돕고 하나님을 섬기게 하려고 천사들을 창조하셨다. 무수히 많은 천사 중에서 하나님은 각각의 역할에 따라 크게 세 부류의 천사들로 나누고 그들에게 특별한 임무를 주셨다.

좋은 소식을 전하는 가브리엘 천사, 하나님의 군대를 지휘하는 미가엘 천사와 하나님께 올리는 찬양을 담당하는 루시엘 천사를 세 부류의 천사들 중에서 최고의 위치인 천사장으로 세우셨다. 하나님은 천사들을 창조하시고 천사들에게 완전한 자유의지를 주셨다. 천사들은 자신의 의지와 판단에 따라 모든 일에 대해서 자신의 뜻대로 선택할 수 있는 완전한 권리가 있었다.

하지만, 천사장 중의 하나인 루시엘은 자신도 하나님(神)과 같이 되어 천사들로부터 영광과 섬김을 받으려고 생각하였다. 자신이 하나님의 피조물[2]이라는 사실을 망각하고 마음이 교만하여 창조주이신 하나님을 대적하게 되었다. 그리고 자신의 뜻을 따르는 많은 천사를 모아서 하나님께 대적했다. 피조물인 천사들을 창조하신 하나님은 피조물의 생각을 다 알고 계셨다. 하나님은, 하나님을 대적한 천사장 루시엘과 그를 따랐던 많은 천사를 하늘나라에서 쫓아내시고 이들을 모두 지옥으로 보내실 것을 계획하셨다.

한편, 하늘나라에서 쫓겨난 루시엘은 타락한 이후로는 루시퍼라는 이름으로 불리게 되었으며, 이 루시퍼는 성경에 계명성, 마귀, 사탄이라는 이름으로도 기록되어 있다. 그리고 루시퍼를 따르던 많은 천사는 악한 영이 되어 인간 세상에서 온갖 악한 일을 저지르고 있을 뿐만 아니라 사람들을 천국에 가지 못하게 하려고 온갖 거짓과 속임수로 사람들을 유혹하며 꼬드겨서 죄를 짓게 만들고 있다.

---

2) 하나님으로부터 창조된 세상 모든 우주 만물, 하나님이 창조한 세상 모든 우주 만물

Chapter 04
우주만물 창조와 안식

인간의 눈으로 보이지 않는 영의 세계를 창조하신 하나님께서는 루시퍼를 비롯한 하나님을 대적한 천사들과는 다른 존재를 창조하기로 계획하시고 6일에 걸쳐서 우주만물을 창조하기 시작하셨다.

하나님은 세상을 창조하실 때 말씀 한마디 한마디로 우주를 창조하셨다. 우리 눈으로 볼 수 있는 물질의 세계를 창조하시기 시작할 때 지구는 지금처럼 짜임새 있는 모습이 아니라 아무것도 보이지 않는 시커먼 흑암에 싸인 채 물로 뒤덮여 있었다. 그리고 하나님의 영은 물 위에서 움직이고 계셨다.

드디어 하나님께서 빛을 창조하기 시작하셨다.

"빛이 생겨라!"

말씀하시는 순간 빛이 나타났다. 아무것도 보이지 않는 깜깜한 세상에 빛이 생겨났다. 그것은 하나님이 보시기에 참으로 좋았다. 이 빛은 우리가 알고 있는 태양이나 달에서 비치는 빛이 아니다. 하나님은 다시 빛과 어둠을 나누고 빛을 '낮'이라고 하고 어둠을 '밤'이라고 정하셨다.

첫째 날의 창조가 끝이 나고 둘째 날이 되었다.

하나님은 물로 뒤덮여 있던 지구 표면의 물을 나누기로 하시고, "물 가운데 넓은 공간이 생겨 물과 물이 나누어져라!" 명령하셨다. 하나님께서 말씀하시자 그대로 공간 아래의 물과 공간 위의 물로 나누어졌다. 이 공간을 '하늘'이라고 부르셨다. 처음 하나님이 천지를 창조하실 때 하늘 아래와 하늘 위에 물이 있었다. 하늘 아래의 물은 지금처럼 지구 표면에 있는 물이었고, 하늘 위의 물은 지구를 둘러싼 오존층과 같이 지구 둘레를 감싸는 물이었다. 지구 위의 물은 훗날 땅으로 쏟아져 지구 표면에 있는 물과 합쳐지게 된다.

둘째 날의 하늘 창조가 끝나고 셋째 날이 되었다.

이때까지 지구는 물로 완전히 뒤덮여 있어 땅이 보이지 않았다. 하나님은 물로 완전히 뒤덮여 있던 지구의 물을 낮은 곳으로 모이게 하셨다. 낮은 곳으로 모인 물은 '바다'라고 부르셨고 물이 빠진 곳이 지금 우리가 사는 '땅'이 되었다.

하나님은 땅 위에 온갖 풀과 씨 맺는 채소와 각기 씨 가진 열매 맺는 과일나무들을 각각 종류대로 만드셨다. 지금 우리가 먹고 있는 과일들을 먹을 수 있게 사과나무, 배나무, 포도나무 등을 만드신 것이다. 그리고 이 수천수만 종류의 나무들은 각각 나무에 따라 씨를 가지게 했다. 씨가 땅에 떨어지고 떨어진 씨가 다시 자라면 똑같은 모양의 나무가 되게 하셨다. 하나님이 나무를 다시 창조할 필요 없이 씨가 맺히고 이 씨를 통해 다시 나무가 되고, 나무에서 열매가 나서 사람이 먹을 수 있도록 하셨다. 모든 식물은 스스로 똑같은 모양의 식물을 재생산하여 대를 이어가게 하셨다.

넷째 날이 되어 하나님께서 하늘에 광명체를 만드셨는데 큰 광명체인

'해'와 작은 광명체인 '달'을 비추게 하셔서 낮과 밤을 나누게 하시고, 이 해와 달을 통해 날짜와 연도와 계절을 구분하셨다. 그리고 별들도 넷째 날에 만드셨다. 하나님은 광명체들을 지구 위의 물 바깥쪽 하늘에 두어 땅을 비추게 하시고 낮과 밤을 지배하게 하시며 빛과 어둠을 구분하게 하셨다.

그리고 다섯째 날이 되었다.

하나님은 공중과 물속을 채우시기 위해서 말씀 한마디로 각종 날개 달린 새들을 종류대로 만드시고 하늘을 날아다니도록 하셨다. 물에는 물고기뿐만 아니라 물고기들의 먹이가 될 다른 생물들도 많이 창조하셨다. 하나님은 이 모든 생물들에게 복을 주시고 바다의 생물들은 번성하여 바다를 채우고 공중의 새들은 번성하여 공중을 채우라고 말씀하셨다. 그리하여, 바다에는 셀 수 없을 만큼 많은 종류의 물고기들이, 그리고 공중에는 셀 수 없이 많은 새가 살 수 있게 되었다. 다섯째 날에 창조된 생물도 스스로 번성하여 새끼들을 계속 낳았다.

드디어 여섯째 날이 되었다. 하나님은 이제 비어 있는 땅을 채우기로 하셨다.

"땅은 온갖 생물, 곧 가축과 땅에 기어 다니는 것과 들짐승을 종류대로 내어라!"

하나님이 말씀하시자 그대로 다 되었다. 하나님은 들짐승과 가축과 땅에 기어 다니는 모든 생물을 만드셨다. 하나님은 모든 우주의 별과 달과 해를 비롯한 지구의 모든 생물뿐만 아니라 눈에 보이지 않는 공기와 바람과 눈에 보이지 않는 중력까지도 오직 하나님의 말씀으로 모든 것이 창조되게 하셨다. 이제 우주는 거의 다 창조되었다. 하나님은 창조의 일 중에서 가장 중요한 한 가지를 남겨 두셨다. 그것은 바로 사람을 창조하시는 일이었다.

하나님은 드디어 마지막 피조물의 창조를 위해 말씀하시길, "우리의 모습을 닮은 사람을 만들어 바다의 고기와 공중의 새와 가축과 온 땅과 땅에 기어 다니는 모든 생물을 지배하게 하자!"고 하셨다. 하나님은, 하나님의 모습을 닮은 사람, 즉 지성과 감성과 의지를 가진 남자와 여자를 창조하시고 그들에게 복을 주시며 명하셨다.

"너희는 많은 자녀를 낳고 번성하여 땅을 가득 채워라! 땅을 정복하라! 바다의 고기와 공중의 새와 땅의 모든 생물을 지배하라! 내가 온 땅의 씨 맺는 식물과 열매 맺는 모든 나무를 너희에게 주었으니 그것이 너희 양식이 될 것이다. 그리고 땅의 모든 짐승과 공중의 모든 새와 땅에서 움직이는 모든 생물들에게는 푸른 풀과 식물을 내가 먹이로 주었다."

하나님은 자신이 창조한 모든 것을 보시고 아주 좋아하셨다. 하나님은 6일 동안 우주의 모든 것을 완성하시고 7일째가 되자 쉬셨다. 그리고 7일째 되는 날을 복 주시고 거룩하게 하셨다. 하나님이 우주를 창조하셨을 때 모든 만물은 완전하고 아름답게 창조되었다. 하나님이 창조의 일을 마치면서 깜빡 잊으시고 그 이후에 다시 무엇인가를 창조하신 일은 없다.

하나님은 우주를 창조하실 때 눈으로 보이지 않는 것들도 창조하셨다. 바람, 공기, 냄새, 사랑, 믿음, 소망, 평안, 기쁨 등 사람에게 꼭 필요한 것들을 함께 창조하셨다.

Chapter 05
아담과 여자

하나님이 창조한 피조물 중에서 사람은 다른 피조물과 달리 특별하게 창조되었다. 하나님은 흙으로 사람과 짐승과 새를 만드셨는데, 다른 생물체를 만드실 때는 그 개체 수를 여럿으로 창조하셨지만, 사람은 유일하게 남자와 여자 각각 하나씩만 창조하셨다. 그리고 하나님은 사람의 코에 생기를 불어 넣어 살아 있는 영을 가진 존재가 되게 하셨다. 그리고 그들에게 복을 주셨다. 이 처음 사람의 이름은 아담이다. 아담에게는 하나님을 알 수 있는 지식과 감정과 의지를 주셨다. 아담은 언제 어디서나 창조주 하나님과 대화를 나누며 즐겁고 행복하게 살 수 있었다.

하나님은 에덴 동쪽에 동산을 만들어 아담을 거기서 행복하게 살도록 하셨다. 이 동산에는 갖가지 아름다운 나무가 자라고 있었으며, 맛있는 과일이 즐비했다. 아담은 입을 것과 먹을 것을 걱정하지 않고 행복하게 살 수 있었다. 그리고 에덴동산 중앙에는 생명나무와 선악을 알게 하는 나무가 있었다. 하나님은 에덴동산을 아담이 관리하며 지키게 하시고 아담에게 아주 중요한 이야기를 한 가지 하시기 위해 그를 부르셨다.

"아담아!"

"네! 하나님. 제가 여기에 있습니다."

"동산에 있는 과일을 먹고 싶은 대로 마음대로 먹도록 하여라."

"네, 알겠습니다. 맛있게 먹겠습니다."

"아담아!"

"네! 하나님."

"그런데 동산 중앙에 있는 과일 중에 선악을 알게 하는 나무의 과일만은 절대로 먹지 말거라! 만일 먹으면 너는 반드시 죽을 것이다!"

"네, 절대로 먹지 않겠습니다."

에덴동산에는 오늘날 계절의 개념이 없었기 때문에 더위나 추위를 걱정할 필요가 없었다. 날씨가 사람이 가장 살기 좋은 환경이어서 옷을 입을 필요조차 없었다. 동산의 아무 곳에서 자면 거기가 집이었다. 배가 고프면 나무에서 과일을 따 먹으면 되었다.

하나님이 창조한 모든 생물을 아담이 잘 다스리기를 하나님은 바라시고 온갖 들짐승이며 새들을 아담이 어떻게 이름 짓나 보시려고 그것들을 아담에게로 이끌고 가셨다. 그래서 아담이 각 생물의 이름을 지어 부르면 그것이 곧 생물들의 이름이 되었다. 아담은 생물들의 이름을 지혜롭게 지었다. 코가 길고 덩치가 큰 동물을 보고 '코끼리'라고 하면 그 동물의 이름이 코끼리가 되었고, 목이 긴 동물을 보고 '기린'이라고 부르면 그 동물의 이름은 기린이 되었다.

아담은 자기에게 오는 많은 동물의 이름을 지으면서 모두가 짝이 있다는 사실을 깨닫게 되었다. 그때 하나님은 혼자 사는 아담에게 적합한 짝을 만들어 주셨다. 아담을 도와줄 짝을 만드실 때 하나님은 아담을 깊이

잠들게 하고 아담이 자는 동안 아담의 갈빗대 하나를 뽑아내고 그 자리를 살로 대신 채우셨다. 그리고 아담에게서 뽑아낸 갈빗대로 여자를 만드셨다. 아담이 잠에서 깨어 여자를 보고, "이 여자는 내 뼈 중의 뼈요, 살 중의 살이구나!" 했다. 아담은 자신에게도 짝이 생겨서 더 이상 외롭지 않겠다는 생각에 매우 좋아하고 하나님께 감사했다. 아담과 여자가 둘 다 벌거벗었으나 그들은 부끄러워하지 않았고, 즐겁고 행복하게 에덴동산에서 살았다.

　하나님은 세상의 모든 것을 창조하신 주인이시다. 아담뿐만 아니라 우리 모두의 주인이시다. 하나님은 에덴동산을 만드시고 아담에게 에덴동산에서 살겠느냐고 물어보지 않으셨다. 아담에게 짝이 필요하냐고 물어보고 여자를 만드신 것 역시 아니다. 하나님은 아담이 짝이 필요하다고 절실하게 느끼셨을 때 아담의 짝을 만들어 주신 것이다. 창조주이신 하나님은 무엇이든지 의도대로 하실 권리가 있으며, 아담에게 무엇을 하라고 명령하실 권한이 있으신 분이시다. 하나님은 우주만물을 창조하신 주인이기 때문이다. 아담은 자신은 피조물이고 하나님은 자신을 만드신 창조주라는 사실을 정확히 알아야 했다.

Chapter 06
생명나무와 선악을 알게 하는 나무

하나님이 여자를 만드신 후 아담은 여자를 데리고 동산 이리저리를 돌아다니며 과일나무들의 이름도 가르쳐 주었다. 그리고 에덴동산의 중앙에 이르렀을 때 생명나무와 선악을 알게 하는 나무에 대해서 여자에게 얘기해 주었다.

"하나님께서 나에게 말씀하셨는데, 동산의 과일은 다 먹어도 되는데, 여기 있는 선과 악을 알게 하는 나무의 과일은 절대로 먹지 말라고 했어! 너도 절대로 먹으면 안 돼! 만약 먹으면 너는 반드시 죽어!"

"네, 알았어요. 아담."

여자는 잘 알았다고 얘기하면서 동산에서 나는 다양한 과일을 먹으면서 즐겁고 행복하게 살았다.

하나님은 아담으로 하여금 무엇이든지 원하는 것을 할 수 있도록 하셨다. 그래서 아담은 모든 피조물 중에 최고의 자리에서 이 세상을 관리하였다. 그러나 동산 중앙에 있는 과일만은 절대 먹지 못하게 하셨다. 그것은 아담이 선악을 알게 하는 나무를 볼 때마다 아담 자신이 하나님의 피조물임을 늘 인식하기를 원해서였다.

영의 세계에서 피조물인 천사들 일부가 자신들의 위치를 망각하고 하나님과 같이 될 수 있다는 교만에 빠져서 하나님의 말씀을 어기고 하나님을 대적한 사건이 있었다. 하나님은 아담이 선악을 알게 하는 나무를 볼 때마다 자신이 피조물임을 스스로 인식하고 하나님의 명령을 순종하시기를 원하셨다.

Chapter 07
인류의 타락

아담과 여자는 하나님과 대화하면서 에덴동산에서 행복하고 즐겁게 살고 있었다. 그러던 어느 날 뱀이 여자에게 찾아왔다. 뱀은 하나님의 창조물 중에 가장 교활한 존재였다.

마귀라고도 하고 사탄이라고 부르는 루시퍼가, 자신이 했던 것처럼 사람들을 하나님의 말씀에 불순종하게끔 유혹하여 지옥으로 데려가려고 뱀에게 들어갔다. 그리고 여자에게 접근하여, "여자야! 하나님이 정말 너희에게 동산에 있는 모든 과일을 먹지 말라고 하셨냐?"고 했다.

여자가 대답했다.

"동산 한가운데 있는 나무의 열매는 먹지도 말고 만지지도 말라고 하나님이 말씀하셨어. 만약 먹으면 죽을지도 몰라."

뱀이 다시 말했다.

"아냐! 하나님이 정말로 먹지도 말고 만지지도 말라고 하셨어? 진짜로 먹으면 죽게 될 것이라고 하나님이 말씀하셨어?"

뱀은 여자에게 되물으면서 말했다.

"죽는다고? 너희는 결코 죽지 않아. 하나님은 너희가 그 나무 열매를 먹고 너희 눈이 밝아지면, 선과 악을 알게 되어 너희가 하나님과 같이 될까 봐 그렇게 말씀하신 거야!"

뱀은 어서 먹어 보라면서 여자를 유혹했다. 뱀의 말을 들은 여자가 동산 중앙에 있는 선악을 알게 하는 나무의 열매를 보니 정말로 먹음직스럽고 보기에도 아름다우며 지혜롭게 할 만큼 탐스럽기도 하였다. 그래서 여자는 열매를 그만 따 먹고 말았다. 그리고 그 열매를 따서 아담에게도 주었더니 아담도 먹었다. 아담이 열매를 먹자 마자 갑자기 아담과 여자의 눈이 밝아져서 자기들이 벌거벗은 것을 깨닫게 되었다. 그래서 그들은 무화과나무 잎을 엮어서 치마를 만들어 자신들의 몸을 가렸다.

그날 저녁, 날이 서늘할 때에 아담과 여자는 하나님이 동산에서 거니시는 소리를 듣고 동산 나무 사이에 숨었다. 그때 하나님이 아담을 불러 물으셨다.

"아담아, 어디 있느냐?"

"동산에서 하나님의 소리를 듣고 벗었으므로 두려워 숨었습니다."

"네가 벗은 것을 누가 너에게 말해 주었느냐? 내가 먹지 말라고 한 열매를 네가 먹었구나!"

"아닙니다. 하나님! 하나님이 만들어 준 여자가 그 열매를 줘서 먹었습니다!"

아담은 여자에게 잘못을 돌렸다. 이번에는 하나님께서 여자에게, "네가 어째서 따 먹지 말라고 한 열매를 먹었느냐?" 하고 물으셨다.

"뱀이 꾀어서 내가 먹었습니다."

여자는 뱀의 유혹 때문이었다고 대답하였다. 그래서 하나님은 뱀에게,

"너는 모든 가축과 들짐승보다 더욱 저주를 내려 배로 기어 다니고 죽을 때까지 흙을 먹을 것이다!"라고 하셨다. 그리고 하나님은 뱀과 여자에 대한 예언의 말씀을 하셨다.

"뱀과 여자가 서로 원수가 되고 뱀의 후손과 여자의 후손이 원수가 될 것이다!"

그리고 하나님은 여자에게 말씀하셨다.

"여자야, 너는 임신하는 고통을 크게 더할 것이고, 진통을 겪으며 자식을 낳을 것이고, 남편을 사모하고 남편은 여자를 다스릴 것이다."

그리고 하나님은 아담에게도 이렇게 말씀하셨다.

"아담아, 네 아내의 말을 듣고 내가 먹지 말라고 한 과일을 먹었으므로 땅은 아담 너 때문에 저주를 받고 너는 평생 수고해야 땅의 생산물을 먹게 될 것이며, 땅은 가시와 엉겅퀴를 낼 것이며 이제부터는 들의 채소를 먹어야 할 것이고 이마에 땀을 흘리며 고되게 일을 해서 먹고 살다가 마침내 죽을 것이다."

아담은 하나님께 불순종의 죄를 지었다. 아담 때문에 죄가 세상에 들어왔고 이제 세상은 저주 가운데 놓이게 되었다. 사람은 죄의 대가로 죽음을 맞게 되었다. 인류의 조상인 아담의 후손인 우리는 죄의 씨를 가지고 태어났다. 그리고 살아가면서 짓는 많은 죄 때문에 모든 사람은 반드시 죽음이라는 대가를 치러야 한다.

인류의 타락이라는 엄청난 일로 말미암아 하나님은 아담과 여자에게 저주를 내리셨지만, 동시에 엄청난 복을 보여 주셨다. 그것은 장차 여자의 후손 중에서 구세주가 태어나실 거라는 말씀이었다. 세상의 복 중에서 구세주를 만나는 복보다 큰 복은 없을 것이다. 인류는 구세주를 만남으로써 죽음이라는 저주에서 생명이라는 복을 얻게 될 것이다.

그리하여 아담은 자기 아내의 이름을 '모든 생명의 어머니가 되었다'라는 의미로 '하와'라고 지었다.

Chapter 08
구세주와 사탄과 사람

천사장 루시엘(타락 후 루시퍼)을 비롯한 많은 천사가 하나님을 대적했
을 때, 하나님은 그들을 벌하셨다. 그것은 그들을 하늘나라에서 쫓아내
시고 영원한 불 못 지옥에 보내시는 계획이었다. 루시엘을 비롯한 수많은
천사가 마음으로 하나님을 대적할 것을 계획했을 때, 천사를 창조하신 하
나님은 그들의 생각을 이미 다 알고 계셨다.

한편, 하나님은 천사들과 다른 특별한 존재인 하나님의 형상을 닮은 피
조물을 창조하시고, 그 피조물인 사람으로 하여금 하나님의 아들로 삼을
계획을 하셨다. 하나님께서는 사람이 타락한 천사들과 다르게 피조물의
위치를 잘 알고 하나님을 잘 섬기고 순종하기를 바라셨다. 하지만, 피조
물인 사람도 타락한 천사들과 마찬가지로 창조주 하나님처럼 되려는 교
만에 빠져 하나님의 명령을 어기고 말았다. 그래서 하나님은 사람에게 사
망이라는 형벌을 가하셨다.

하나님은 사망의 권세를 사탄에게 주어 죄를 짓는 사람들을 다 죽이도
록 허락하셨지만, 죄가 없는 사람은 절대로 죽일 수 없게 하셨다. 만약, 사

탄이 하나님의 이 명령을 어기고 죄 없는 사람을 죽인다면 그것은 하나님의 명령에 대해, 다시금 불법을 저지르는 것이 된다. 사탄은 어떤 수를 써서라도 하나님의 특별한 창조물인 사람이 죄를 짓게 만들어야 했다. 그래서 여자를 유혹하고 아담을 유혹해서 죄를 범하게 만들었다.

사탄은 합법적으로 죄가 있는 사람만 죽여야 하는데, 훗날 죄가 없는 구세주를 죽이게 된다. 이로써 사탄은 죄가 없는 사람을 죽이는 불법을 저지르게 된다. 그래서 이전에 하늘나라에서 쫓겨났을 때, 마음으로 하나님을 대적하려고 했던 사실이 구세주를 죽임으로써 행동으로 드러나게 된 것이다. 그래서 성경에서는 "사탄이 지음받던 날로부터 완전하더니 마침내 불의가 드러났다"고 기록하고 있다.

첫 사람 아담이 죄를 지어 죽었듯이 마지막 아담인 구세주도 인간의 모든 죄를 위해 반드시 죽어야 한다. 마지막 아담인 예수님의 죽음으로 인류의 모든 죄가 용서받을 수 있는 길이 열린 것이다.

Chapter 09
아담과 하와의 추방

아담과 하와는 자신들이 벗은 것에 대한 수치를 가리려고 무화과나무 잎으로 옷을 만들어 입었다. 하지만, 하나님은 짐승을 잡아 죽인 다음 가죽을 벗겨서 가죽옷을 만들어 아담과 하와에게 입히셨다. 그리고 그들이 영원한 죽음에서 살아날 수 있는 방법을 알려주셨다. 그 방법은 아담과 하와의 후손 중에서 구세주가 태어날 것이며, 그때까지 반드시 짐승을 잡아 죽여서 짐승의 피로 하나님께 제사를 드리는 것이었다.

아담과 하와가 하나님의 말씀에 불순종하여 선악을 알게 하는 나무의 열매를 먹었으므로 하나님은 약속하신 대로 아담과 하와를 반드시 죽이셔야 했다. 그래서 아담과 하와는 이때부터 육체를 가진 생명이 서서히 죽어가게 되었다. 하지만, 동산 중앙에 있는 생명나무의 과일을 먹으면 계속 살 수가 있기 때문에 하나님은 아담과 하와를 에덴동산에서 쫓아내셨다. 아담과 하와가 생명나무 과일을 다시는 따 먹지 못하게 하기 위해 에덴동산의 동쪽에 그룹천사들과 사방으로 빙빙 도는 불타는 칼로 생명나무로 가는 길을 지키게 하셨다.

아담의 불순종으로 말미암아 사람에게는 사망이 찾아왔다. 사망은 하나님과 인간과의 단절을 의미하며 육체의 죽음도 의미한다. 또한, 영혼의 형벌, 즉 영원한 불 못[3]의 형벌을 뜻하기도 한다. 이 영원한 불 못의 형벌은, 사람의 육체가 죽고 난 다음 영혼이 영원히 지옥에서 고통을 당하는 것을 말한다. 그러나 사랑의 하나님께서는 영혼의 영원한 불 못의 형벌을 피하는 방법을 아담에게 가르쳐 주셨다.

그것은 아담이 죽어야 하는 것을 대신하여 짐승을 죽여 제사 지내는 일이었다. 이후로 사람이 지은 죄를 용서받기 위해서는 짐승을 대신 죽여 희생제사를 드려야 하나님은 받아주셨다. 이러한 피의 제사는 구세주가 오실 때까지 계속되어야 했다.

---

3) 하나님께서 최후의 심판 때 타락한 천사들을 보내시기 위해 준비한 곳, 지옥이라고도 한다. 구세주를 믿지 않은 사람들이 죽어서 가는 곳.

Chapter 10
가인과 아벨의 제사

아담과 하와는 에덴동산에서 쫓겨난 후로 하나님께서 말씀하신 제사의 방법을 지켜서 행했다. 기원전 4천여 년경 아담과 하와는 가인과 아벨 두 아들을 낳았다. 형 가인은 농사짓는 사람이었고, 동생 아벨은 양을 치는 사람이었다.

아담과 하와는 가인과 아벨에게도 과거에 에덴동산에서 하나님과 행복하게 살았던 것과 자신들이 지은 죄 때문에 지금은 이렇게 힘들고 고통스럽게 살게 되었다고 알려주었다. 또한, 앞으로 육체가 반드시 죽을 것이지만 영원한 불 못의 형벌로부터 구원을 받는 길은 하나님께서 약속하신 구세주를 믿는 길밖에는 없다고 알려주었다.

그리고 죄로 말미암은 형벌로부터 구원을 받으려면 하나님께 피의 제사를 드려야 한다는 것을 자식들에게 가르쳤다. 그러므로 하나님께 제사를 드릴 때는 믿음으로 드려야 하며, 반드시 짐승을 죽여 짐승의 피와 기름을 가지고 하나님께 제사를 드려야 한다고 철저하게 교육시켰다. 또한 아담과 하와는 구세주가 아들들의 후손 중에서 태어날 것이기 때문에 하나님 앞에서 경건한 삶을 살아야 한다고 아들들에게 가르쳤다.

추수 때가 되었다. 가인은 농사꾼이었으므로 자신이 열심히 농사지어서 얻은 첫 번째 농산물을 하나님께 예물로 가지고 가 제사를 드렸고, 아벨은 처음 태어난 양과 양의 기름을 하나님께 예물로 가져가 제사를 드렸다. 그런데 하나님은 아벨의 예물은 기쁘게 받으셨으나 가인의 예물은 받지 않으셨다. 가인은 자신의 예물을 하나님이 받지 않으시자 얼굴을 찡그렸다. 그러자 하나님은 가인에게 말씀하셨다.

"가인아, 네가 옳은 일을 행했다면 왜 내가 너의 예물을 받지 않았겠느냐!"

가인은 부모님이 가르쳐 주신 제사 방법은 무시하고 자신의 생각대로 예물을 드린 것이 뭐가 잘못된 일이냐고 인간적인 생각에 빠졌다. 하지만, 하나님은 사람의 생각보다 하나님이 말씀하신 대로 따르는 것을 더 원하신다.

아벨은 하나님이 가르쳐 주신 방법대로 제사를 드렸다. 또한 아벨은 구세주가 오실 것을 믿었기 때문에 믿음[4]으로 제사를 드렸고, 가인은 구세주가 오실 것을 믿지 않았기 때문에 믿음 없이 제사를 드렸다. 하나님은 하나님의 방법뿐만 아니라 믿음으로 제사를 드리기를 원하셨다.

지금도 하나님은 믿음으로 하나님께 예배드리는 것을 기뻐하시며, 우리의 인간적인 생각과 방법, 즉 인본주의적인 사고방식의 예배를 원하지 않으신다. 하나님은 우리의 믿음과 마음을 다해서 신령하고 진실하게 하나님께 예배드리는 것을 기뻐하며 받으신다.

---

4) 믿음이란 전해 들은 말씀대로 행하는 것(순종)이다.
　(롬 10:17, 마 7:24, 약 1:25, 삼상 15:22~23)

Chapter 11
인류 최초의 살인

가인은 하나님께서 자기의 제사는 받지 않고 동생 아벨의 제사만 받으신 것에 대한 불만을 늘 품고 있었다. 그리고 얼마 후 가인은 동생 아벨에게 들로 함께 나가자고 했다. 들에서 가인은 동생 아벨을 죽였다.

"가인아, 네 동생이 어디 있느냐?"

하나님이 가인에게 물으시자, 가인은 하나님이 모르실 줄 알고 신경질적으로 하나님께 대답했다.

"저는 모릅니다. 제가 동생을 지키는 사람입니까?"

"네가 무슨 일을 했느냐? 네 동생 아벨의 피 소리가 땅에서 나에게 호소하고 있다."

가인이 동생 아벨을 죽인 일로 하나님은 가인에게, 땅에서 저주를 받게 될 것이며, 아무리 땅을 갈아 농사를 지어도 다시는 땅에서 열매가 나지 않을 것이며, 땅에서 떠돌아다니는 자가 될 것이라고 하셨다. 가인은 살고 있던 땅에서 쫓겨나서 에덴 동쪽 놋이라는 곳에서 성을 짓고 살면서 많은 자손을 낳았다.

사탄은 아담의 후손을 통해 구세주가 태어나지 못 하도록 배후에서 가인을 조종해 아벨을 죽이도록 한 것이다. 사탄은 경건한 후손인 아벨을 통해서 구세주가 태어나지 못 하도록 함으로써 자신의 계획이 성공했다고 생각했다.

Chapter 12
아벨을 대신하여 낳은 아들

아벨이 죽은 후 아담의 아내 하와는 다시 임신하여 아들을 낳았다. 이 아들은 하나님께서 가인이 죽인 동생 아벨을 대신해서 주신 것이었다. 아담은 아이의 이름을 '셋'이라고 했다. 셋도 역시 아들을 낳고 아들의 이름을 '에노스'라고 지었다. 그때부터 사람들은 '여호와'의 이름을 부르며 예배를 드리기 시작했다. '여호와'라는 이름은 영원 전부터 스스로 계신 성부, 성자, 성령 삼위일체이신 하나님의 이름이다.

아담의 후손 중에서 구세주가 탄생할 것을 하나님은 말씀하셨다. 구세주가 이 세상에 온다는 것은, 사람에게는 죄의 형벌로부터의 구원을 의미하지만, 사탄의 입장에서는 하나님의 심판을 받아 지옥에 갈 날이 얼마 남지 않았다는 의미이기도 하다. 그래서 사탄은 어떻게 해서든지 경건한 자손 중에서 구세주가 태어나지 못 하도록 방해했다. 사탄은 배후에서 보이지 않게 가인을 조종하여 경건한 아벨을 죽여서 여자의 후손인 구세주가 오는 길을 막아보려고 했지만, 하나님은 셋이라는 사람을 통해 구세주가 오는 길이 끊어지지 않도록 하셨다.

아담은 930년을 살면서 셋을 낳은 후에도 더 많은 자식을 낳았다.

Chapter 13
구세주에 대한 예언

하나님은 우주를 만드신 분이시기 때문에 이 세상 모든 우주만물의 주인이시다. 그러므로 하나님의 선한 의도대로 무엇이든지 하실 수 있는 권한이 있으시다.

하나님이 사람을 창조하시고 아주 중요한 법칙 하나를 주셨는데 이 법칙은 사람과 의논해서 결정하신 것이 아니다. 하나님의 절대적인 권한으로 만드신 것이다. 이 법칙은 피조물인 사람이 하나님의 말씀을 순종하지 않으면 반드시 죽게 된다는 것이었다. 공의의 하나님은 한 번 하신 말씀은 반드시 지키시는 분이시다. 스스로 사람이 선악을 알게 하는 나무의 과일을 먹으면 반드시 죽는다고 말씀하셨기 때문에 하나님은 아담을 반드시 죽이셔야 했다.

하나님은 또한 사랑의 하나님이시다. 그러므로 아담의 육체는 죽어도 영혼은 살길을 마련해 주셨다. 아담이 하나님의 말씀에 순종하지 않은 죄를 지었고 이때부터 죄라는 것이 세상에 생겨나게 되었다. 결국 모든 사람이 육체의 죽음을 맞이하게 되었다. 세상 모든 사람은 자신들이 지은 죄 때문에 반드시 죽게 되었지만, 하나님은 또한 우리가 죽지 않고 살 길을 가르쳐 주셨다. 그것은 여자의 후손 중에서 태어날 구세주를 믿는 것이었다.

'구세주'란, 이 세상을 죄와 사망에서 구원해 줄 주인이라는 뜻이다. 구세주는 사람이 죄를 지어 하나님의 형벌을 받아 죽게 된 것을 자신이 대신 죽음으로써 사람을 살리게 하는 역할을 담당하는 사람이다. 하나님은 아담이 죄를 지었을 때 언젠가는 여자의 후손을 통해서 구세주가 태어날 것이라고 말씀하시고, 그때까지 매일 드리는 피의 제사를 통해서 죄에 대한 형벌을 보류해 주셨다. 하나님께서는 최초의 사람 아담이 자신의 죄로 말미암아 죽은 것과 같이 마지막 아담이신 구세주로 오는 사람도 모든 사람을 살리기 위해서 반드시 죽어야 함을 알려주셨다.

Chapter 14
인간의 자유의지

　그렇다면 하나님은 왜 아담이 죄를 짓지 않게 하실 수 없었냐는 의문이 생길 수 있을 것이다. 하나님은 세상의 모든 만물을 창조하실 때 완전하게 창조하시고 아주 기뻐하셨다. 그리고 그중에서도 유일하게 하나님의 모습을 닮은 사람을 만드셨다. 하나님은 우리의 눈으로 보이지 않는다. 그런데 어떻게 사람이 하나님의 모습을 닮았다는 것인가? 그 의미는 지·정·의가 하나님을 닮았다는 뜻이다.

　하나님은 동물과는 달리 사람에게 지성과 감성과 의지를 주셨다. 그리고 이것을 불완전하게 주신 것이 아니라 완전하게 주셨다. 그래서 아담은 스스로 선택할 수 있는 완전한 자유의지로 죄를 짓는 쪽을 선택한 것이다. 완전한 자유의지는 영의 세계를 창조했을 때 천사들에게도 주어졌다. 하지만, 천사들 중의 일부는 이 완전한 자유의지로 하나님을 대적하고 불순종하는 쪽을 선택한 것이다.

　하나님이 사람에게 자신의 뜻대로 선택할 수 있는 의지를 주시지 않았다면 우리는 로봇과도 같을 것이다. 사람은 완전한 자유의지로 하나님께 불순종하는 쪽을 선택한 것이다. 지금도 사람들은 완전한 자유의지를 통해 하나님의 말씀에 따라 구세주를 받아들일 수도 있고 거절할 수도 있다. 단지 구세주를 받아들이는 사람에게는 하나님의 자녀가 되는 권세를 주셨고 받아들이지 않으면 영원한 불 못의 형벌이 기다리고 있을 뿐이다.

Chapter 15
하나님의 예언 성취를 방해하는 사탄

사탄은 하나님께서 예언하신 구세주가 태어나면 자신들의 종말이 가까워짐을 잘 알고 있었다. 그래서 사탄은 하나님의 계획을 무산시키기 위해 여러가지 방법을 동원해 구세주 탄생을 방해해 왔다.

사탄은 구세주가 아담과 하와의 후손들에게서 태어난다는 사실을 잘 알고 있었기에 가인으로 하여금 동생 아벨을 죽이게 하는 죄를 짓게 해서 구세주가 태어나지 못 하도록 방해했다. 사탄은 가인 이후에도 구세주가 태어난다는 하나님의 예언이 이루어지지 못 하도록 끊임없이 방해해 왔다.

사탄은 사람들이 악한 것을 선택하도록 사람의 눈에는 보이지 않게 사람들을 조종하고 있다. 그러므로 사탄은 사람들 사이를 이간질하고 서로 미워하는 마음을 심고 악을 행하게 한다. 무엇보다 가능한 모든 방법을 동원해서 하나님을 믿는 사람들을 미혹하여 하나님을 믿지 못 하도록 계속해서 방해한다. 그리고 앞으로도 이 방해는 계속될 것이다.

Chapter 16
사탄의 권세

타락한 천사들이 사탄이 되고 악령이 되었다. 사탄이라고도 하고 마귀라고도 하는 이 존재는 하나님을 대적한 루시엘 천사장이 타락한 이후로 불리는 이름이기도 하다. 성경에는 루시퍼 또는 계명성이라고도 기록하고 있으며, 루시퍼를 따라 하나님을 배반한 많은 천사가 악령이 되었다. 하나님은 타락한 천사들을 보낼 곳을 준비하셨는데 그곳은 지옥이라고도 하는 영원한 불 못이다. 영원한 불 못은 세상 종말에 사탄과 귀신들과 그를 따르는 추종자들이 갈 곳이다.

천사가 타락한 후에 하나님은 천사와 다른 존재인 사람을 창조하셨다. 하나님은 사람이 하나님의 자녀가 되어 천사들로부터 영광 받을 존재로 변화시켜 천사들보다 더 나은 존재가 되게 하실 계획을 가지고 계신다. 하나님은 우주를 창조하시고 사람에게 다스리고 관리할 권세를 주셨다. 그러나 사람은 사탄의 속임수에 빠져 죄를 짓게 되어 사탄에게 그 권세를 빼앗겨 버렸다. 즉, 사탄의 지배를 받는 사탄의 종이 되고 말았다. 그래서 지금도 이 세상 공중권세를 가지고 있는 사탄 때문에 세상이 시끄럽고 불

행한 일이 끊이지 않는 것이다.

하나님은 사탄의 노예가 된 우리 인간들을 구출해내시려고 인간이 상상도 하지 못할 계획을 세우시고 이를 이루기 위해 준비하셨다. 하나님이 구세주를 통해서 죄지은 사람들을 구원해 주실 것을 약속하신 것을 잘 아는 사탄은, 가능한 한 사람들이 구원받지 못 하도록 아담 때부터 사람들 사이를 계속 이간질하고 악을 행하도록 하고 있다. 때로는 기적을 보여서 하나님을 믿지 못하게 하고, 때로는 다른 종교를 만들어서 믿지 못하게 하고, 때로는 물질적으로 풍족하게 만들어 교만에 빠져 구원받지 못하게 만든다.

사탄은 자신과 따르는 악한 영들이 언젠가는 지옥에 가야 할 것을 잘 알고 있다. 그래서 한 사람이라도 더 꼬드겨서 지옥으로 끌고 가려고 한다. 이는 종말 때까지 계속될 것이다. 사탄은 자신이 가지고 있는 이 땅의 권세를 이용하여 구세주가 태어날 통로가 될 경건한 사람들을 끊임없이 죄를 짓도록 유혹하고 구세주의 탄생을 방해해 왔다. 그럼에도 불구하고 하나님은 계속해서 구세주가 태어날 후손을 지켜 보호해 주셨다.

Chapter 17
노아의 방주와 구원의 약속

    하나님이 창조한 첫 사람 아담은 930년을 살다가 하나님의 말씀대로 죽었다. 아담과 하와는 살아 있는 동안 가인과 아벨 그리고 셋 외에도 많은 자식을 낳았고, 그 자식들이 또 자식을 낳아서 사람들이 지구상에 번성하게 되었다.

    기원전 3천여 년경, 아담이 죽은 지 120여 년이 지나고 나서 노아라는 사람이 태어났다. 노아의 할아버지 므두셀라는 노아가 태어난 이후 600년을 더 살다가 969세에 세상을 떠났는데 지금까지 가장 오래 산 사람이다. 노아가 살 당시 세상 사람들은 너무도 악하고 부패하여 세상은 온통 죄악으로 가득 차 있었다. 사람들은 어렸을 때부터 '어떻게 하면 나쁜 짓을 할까?' 하고 늘 궁리했다. 하지만, 노아만은 그 당시 사람들 가운데 의롭고 흠이 없는 사람이었으며, 하나님의 뜻대로 사는 사람이었다. 그리고 노아에게는 셈과 함과 야벳이라는 세 아들이 있었다.

    하나님은 온갖 죄를 짓는 사람들을 더 이상 용서할 수 없어 세상을 홍수로 심판하기로 결심하셨다. 그래서 하나님은 노아에게, "노아야, 내가 온 세상 사람들을 없애 버리기로 작정하였다. 그들의 죄가 땅에 가득하므로 내가 그들을 땅과 함께 멸망시킬 것이다."라고 하셨다. 그러나 하나님은 노아에게는 살 길을 알려주셨다. 그 구원의 약속은 엄청나게 큰 배를 만드는 것이었다. 하나님은 노아에게 배를 어떻게 만들면 되는지를 가르쳐 주셨다. 노아는 하나님께서 가르쳐주신 대로 배를 만들었다. 이 엄청나게 큰 배가 바로 노아의 방주이다.

　노아의 방주는 잣나무로 만들어졌으며, 길이는 135미터, 폭은 22.5미터, 높이는 13.5미터였다. 이것은 축구 경기장 반 정도의 크기이다. 그리고 방주의 창문은 여러 개 만들었지만 방주로 들어가는 문은 하나만 만들었다. 방주의 내부는 3층으로 만들어졌다. 노아는 방주를 만들 때 자신의 생각이나 방법으로 만들지 않았다. 오직 하나님이 시키신 그대로 순종하여 방주를 만들었다.

Chapter 18
대홍수 심판

하나님이 노아에게 배를 만들라고 말씀하시고 나서 배가 완성되기까지는 100년 이상의 오랜 세월이 소요되었다. 이 기간에 노아는 사람들에게 가서 하나님의 홍수 심판에 대해 수없이 알렸다.

"여러분! 앞으로 이 땅에 홍수가 날 것입니다. 그 홍수 때문에 모든 사람이 다 죽게 될 것입니다. 더 이상 죄를 짓지 말고 하나님께 돌아오십시오!"

노아는 사람들에게 외쳤다. 그러나 사람들은 미친 노인의 말로 치부해 버리고 말도 안 되는 소리라고 생각했다. 그것도 그럴 것이, 이때까지 하늘에서는 비라는 것이 내리지 않았다. 땅에서 올라오는 이슬로 땅에 물이 공급되었기 때문에 사람들은 평생 살면서 비를 본 적이 없었다. 그래서 홍수가 난다는 것은 그들에게 말도 안 되는 소리였다. 무엇보다도 지금의 삶이 좋고 편한데 하나님의 경고 따위는 귀에 들어오지 않았던 것이다.

하나님은 한번 하신 말씀은 반드시 지키신다. 노아와 가족이 방주를 만들기 시작하고 오랜 기간이 지난 기원전 2,458년경, 노아의 나이 600세 되던 해, 홍수를 일으키기 7일 전에 하나님은 노아에게 말씀하셨다.

"노아야! 너는 모든 가족과 함께 배로 들어가거라. 그리고 각종 정결한 짐승 암수 일곱 쌍씩, 부정한 짐승은 한 쌍씩 모아 들여라. 또, 공중의 새도 그 종류대로 암수 일곱 쌍씩 보존하여 모든 종류의 짐승과 새가 지상에 그 씨를 퍼뜨리게 하라. 지금부터 7일 후에 내가 40일 동안 밤낮 비를 내려 내가 창조한 모든 생물을 지상에서 쓸어버릴 것이다!"

노아는 하나님이 시키시는 그대로 행하여 가족과 짐승들을 방주로 들어오게 하였다. 그리고 하나님은 방주의 하나밖에 없는 문을 닫으셨다. 방주의 문을 닫은 7일 후, 하나님은 이 세상 모든 생물을 홍수로 심판하시기 위해 태초의 천지창조 때 가두어 두었던 땅 아래의 물이 터지게 하시고 하늘 위에 가두어 두었던 물을 땅으로 쏟아부으셨다. 비는 하루도 아니고 이틀도 아니고, 40일 내내 밤낮으로 마구 퍼부었다.

평지가 물에 잠기고, 언덕이 물에 잠기고, 산의 꼭대기가 물에 잠기게 되었다. 온 세상의 높은 산이 다 물에 잠기자 새와 가축과 들짐승과 땅에 기어 다니는 모든 것과, 사람들을 비롯한 지상에서 살아 움직이는 모든 생물이 다 죽고 말았다. 단지 살아남은 것은 노아의 방주에 탄 노아의 식구와 동물들뿐이었다. 비가 그친 후에도 물이 150일이나 땅을 뒤덮고 있었다.

하나님은 말씀하신 것을 반드시 지켜 행하시는 분이며 모든 죄를 심판하시는 분이다. 그러나 하나님을 믿고 그 뜻을 따르는 사람은 반드시 구원하신다. 하나님께서 방주의 문을 하나만 만들라고 지시하신 이유는, 구원으로 들어가는 문도 오직 예수님 한 분뿐임을 알리려는 것이었다. 다른 어떤 존재도 아닌 예수님만이 우리를 구원하실 유일한 분임을 분명히 알리고 있다.

노아는 결코 자신의 노력으로 구원받을 수 있는 자격을 갖춘 것이 아니다. 사람은 원죄를 지은 아담의 후손으로 태어났으므로 모두 죄인이지만 하나님의 은혜로 말미암아 의인의 자격을 부여받게 되는 것이다. 이 의인의 자격을 부여받은 사람만이 지옥의 형벌에서 구원받을 수 있다. 하나님께서 의로운 노아 가족을 살리신 이유는 구세주가 오시기 위한 통로를 남기기 위함이다. 하나님은 구세주에 대한 약속을 지키시기 위해 노아와 가족을 통해 새로운 세상을 여신 것이다.

Chapter 19
새 세상과 하나님의 약속 무지개

노아의 방주는 물이 빠지자 드디어 아라랏산에 멈춰 섰다. 그리고 노아는 방주에서 나오자마자 구원해 주신 하나님께 감사의 제사를 드렸다. 이제 새로운 세상이 다시 시작된 것이다. 하나님은 노아와 그의 아들들을 축복하며 말씀하셨다.

"너희는 자녀를 많이 낳고 번성하여 땅을 가득 채워라! 그리고 땅의 모든 짐승과 공중의 새와 땅에 기는 생물과 바다의 고기가 모두 너희를 두려워하고 무서워할 것이며, 곡식과 채소를 식물로 준 것처럼 살아서 움직이는 모든 동물도 식물로 주겠다."

하나님은 노아에게 자녀를 많이 낳고 온 세상에 번성하라고 말씀하셨다. 즉, 사람은 자녀를 많이 낳고 한 곳에 모여 살지 말고 세상의 곳곳에 퍼져 살아야 함을 말씀하셨다. 그리고 하나님은 홍수로 다시는 심판하지 않겠다는 약속의 증거로 무지개를 보여주셨다. 이후로는 사람들이 무지개를 볼 때마다, '하나님께서 다시는 홍수로 심판하시지 않겠구나.'라고 생각하며, 홍수에서 구원해 주셨음에 감사하고 하나님을 두려운 마음으로 섬겼다.

　노아는 무지개의 약속처럼 언젠가는 후손 중에서 구세주를 보내 주신다는 하나님의 약속을 믿었다. 노아는 구세주가 오실 때까지 하나님을 경외하고 경건하게 살라고 자식들에게 가르쳤다. 대홍수의 사건을 경험하지 않은 사람들은 무지개를 볼 때마다 하나님의 약속을 기억하고 하나님의 말씀대로 경건하게 살려고 노력해야 했다. 그러나 세월이 지나면서 사람들은 구세주에 대한 약속을 믿지 않고 자신들이 스스로 구원할 수 있다는 교만에 빠져들기 시작했다.

　노아는 홍수 이후 350년을 더 살다가 950세에 죽었다. 인류는 노아의 세 아들인 셈과 함, 야벳을 통해 다시 시작되었다. 셈과 함과 야벳을 통해 수많은 자식이 태어났으며, 그들이 세상 민족의 조상이 되었다. 이 세상의 모든 사람은 다 노아의 후손들이며, 이들은 홍수 후에 여러 나라와 민족을 이루었다.

　하나님은 세상을 창조하셨지만 사람들이 악을 행하고 뉘우치지 않자 세상의 생명체뿐 아니라 모든 만물을 아까워하지 않으시고 모두 멸망시키셨다. 노아의 때와 같이 앞으로 이 세상 역시 종말을 맞게 될 것이다. 그때가 언제인지는 아무도 모르지만 반드시 세상은 엄청난 재앙을 맞게 될 것이다. 하지만 하나님은 노아와 같이 하나님을 잘 믿는 사람들에게는 재앙을 피하는 방법을 가르쳐 주실 것이다. 그러기에 우리는 끝까지 하나님을 진실하게 믿으며 살아야 한다.

Chapter 20
바벨탑을 쌓는 사람들

대홍수 이후에도 모든 인류는 하나의 민족으로 동일한 언어를 사용하였다. 하나님은 노아에게 후손을 많이 낳아 온 세상에 퍼져서 살라고 하셨다. 그 후 수백 년이 지나면서 인류는 다시 많은 인구로 번성하게 되었다.

그러나 사람들은 온 세상 구석구석에 퍼져서 살라고 하신 하나님의 말씀을 어기고 동쪽으로 이동하다가 바빌로니아에 있는 시날 평지에 이르러 도시를 건축하고 한 곳에 모여 정착하게 되었다. 그리고 그들은 그곳에 엄청나게 높은 탑을 쌓기로 했다. 그들은 성을 건축하고 하늘에 닿을 정도로 높은 탑을 쌓아 자신들의 이름을 후세에 떨치고 사방으로 흩어지지 말고 모여서 살자고 하였다. 그리고 그들은 상상을 초월한 거대한 탑을 쌓았다.

이것을 보신 하나님은 사람들의 교만한 마음을 그냥 둘 수가 없어 언어를 흩으시고 서로 알아듣지 못하게 만드셨다. 이전까지는 사람들이 하나의 언어를 사용해서 의사를 소통했으나, 이제부터는 언어가 혼잡하게 되어 더이상 서로 대화를 할 수 없게 되었다.

탑 위에서 물을 가져다 달라고 아래에 있는 사람에게 얘길 하면 그 사람은 알아듣지 못하고 다른 것을 가져다주곤 했다. 결국, 그들은 더 이상 탑을 쌓는 일을 할 수가 없었으며 자신과 동일한 언어를 사용하는 사람들과 함께 무리를 이루어 사방으로 뿔뿔이 흩어져 세상의 여러 지역으로 이동하게 되었다. 그렇게 오랜 세월에 걸쳐 사람들은 육로 또는 해로를 통해 세계 각지로 이주하게 되었다.

사람들은 함께 모여 사는 것이 좋을 것이라고 생각했지만 하나님의 뜻은 사람들이 온 세상에 퍼져 번성하는 것이었다. 결국, 사람의 생각이 하나님의 생각과 다를 때 하나님은 그 생각들을 흩으시고 하나님의 생각대로 이루어가심을 보게 된다.

사무엘이 이르되

여호와께서 번제와 다른 제사를

그의 목소리를 청종하는 것을 좋아하심 같이 좋아하시겠나이까

순종이 제사보다 낫고 듣는 것이 숫양의 기름보다 나으니

사무엘상 15장 22절

영접하는 자
곧 그 이름을 믿는 자들에게는
하나님의 자녀가 되는 권세를 주셨으니
요한복음 1장 12절

2부
약속의 성취를 위해
선택받은 아브라함과 그 후손들

내가 네게 큰복을 주고 네 씨가 크게 번성하여
하늘의 별과 같고 바닷가의 모래와 같게 하리니
네 씨가 그 대적의 성문을 차지하리라
창세기 22장 17절

Chapter 01
약속의 구세주를 믿는 의로운 후손들

아담을 통해 인류창조를 시작하신 하나님은 인간의 죄악을 더 이상 참을 수 없어 세상을 홍수로 심판하셨고, 노아를 통해 세상을 다시 시작하셨다. 그리고 노아는 자식들에게 죄에 대해서 용서받을 수 있는 유일한 길인 구세주의 탄생에 대해 가르쳤다. 노아의 자식들 역시 자신들의 자손들에게 대를 이어가며 약속의 구세주에 대해 가르쳤다. 그리고 하나님께 제사드리는 방법 역시 자손들에게 가르쳤다.

인류의 조상인 아담이 하나님의 말씀에 순종하지 않고 죄를 지었기 때문에 사람은 반드시 죽을 수밖에 없게 되었다. 그 죽음 후에는 하나님께 가지 못하고 반드시 지옥에 가게 된다. 지옥의 형벌을 피하는 길은 지은 죄의 용서를 구하는 제사를 지내는 것이다. 이 제사는 짐승을 잡아 죽인 다음 짐승의 피로 자신들의 죄를 대신하여 제사를 지내는 것이었다. 이러한 방식의 제사를 구세주가 오시기까지 계속해야 한다고 노아는 자식들에게 가르쳤다.

그리고 하나님께서 말씀하신 방법대로 제사드려야 된다고 강조했다. 조상 가인처럼 자신의 생각대로 제사를 드리면 안 된다고 가르쳤다. 약속의 구세주에 대한 말씀을 아버지, 할아버지에게서 듣고 마음에 새기고 지켜 행한 의로운 후손들은 자신들의 후손 중에서 구세주가 오시기를 소망하며 기다렸다. 이들은 비록 죄인이었지만 하나님은 의로운 후손으로 인정해 주셨다. 의로운 후손을 통해 구세주를 보낼 것을 계획하시고 언제 보내주실 것인지는 비밀에 붙이셨다.

그 비밀은 세월이 흐르면서 조금씩 나타나기 시작했는데 아담 때는 너무나도 막연했을 것이고 세월이 지나면서 희미하게 알았던 것이 점점 뚜렷하게 드러나게 되었다. 이 구세주가 누구인지에 대한 비밀은 하늘의 천사도 모르고 사탄도 모르고 그 누구도 알 수 없었다. 오직 유일하신 하나님만이 마음에 계획하시고 사탄의 방해에도 불구하고 그 일을 차근차근 진행하고 계셨다. 그리고 하나님을 경외하는 의로운 후손들은 대를 이어 자식들에게 구세주에 대한 교육을 철저하게 시켰다.

Chapter 02
하나님만이 복을 주심

　세상 모든 우주와 영의 세계를 창조하신 분은 유일하신 참 하나님이시고 하나님만이 사람들에게 참된 복을 주실 수 있다. 부처나 마호메트나 공자나 어느 누구도 사람에게 진정한 복을 줄 수 없다.

　유교와 샤머니즘에 빠져 있는 많은 한국인은 조상에게 제사를 드리며 조상에게 복을 달라고 빈다. 그들은 제사의 목적이 복을 받기 위한 것으로만 생각하고 일상에서 좋은 일이 생기면 조상 덕으로 여긴다. 그러나 기독교에서 말하는 제사의 근본 목적은 복을 받는 것이 아니라 죄의 용서를 구하고 하나님께 영광을 돌리는 것이다. 그 누가 아무리 조상에게 제사를 잘 지내도 죄의 용서를 받을 수 없다.

　오직 하나님만이 사람들의 죄를 용서해 주실 수 있고 그에 따른 복을 주실 수 있다. 사람들은 다른 사람들이 복을 받도록 빌어줄 수는 있어도 그 자신이 복을 줄 수는 없다. 우리는 복을 빌 때 당연히 복을 줄 수 있는 분에게 달라고 해야 할 것이다. 오직 하나님만이 사람을 비롯한 모든 피조물에게 복을 내려 주실 수 있다.

복 중에서 가장 큰 복을 받은 사람은 하나님의 비밀인 구세주가 누구인지를 발견한 사람일 것이며, 그분을 믿고 따르는 것이 세상에서 가장 큰 복을 누리는 삶일 것이다.

Chapter 03
아브람을 부르신 하나님

바벨탑 사건 이후 사람들은 세계 곳곳에 흩어져서 많은 후손을 낳고 살았다. 그렇게 지구상에는 수많은 민족과 족속들이 곳곳에 자리를 잡고 살게 되었다.

기원전 2,166년경, 노아의 아들 셈의 후손 중에 데라라는 사람이 있었는데, 그는 갈대아 우르라는 곳에 살면서 아브람을 낳았다. 아브람은 사래라는 여인과 결혼했으나 아이를 낳지 못하였다. 아브람의 아버지 데라는 가족들을 데리고 갈대아 우르를 떠나 가나안 땅[1]으로 이사를 하려고 길을 떠났다. 하지만 이사 가는 도중에 하란이라는 곳에서 정착하고 그곳에서 살다가 205세에 세상을 떠났다.

어느 날 하나님은 아브람을 찾아오셨다. 그리고 아브람에게 말씀하셨다.

"아브람아!"

"네, 하나님."

"아브람아! 너는 네 고향과 친척과 네 아버지의 집을 떠나 내가 너에게

---

1) 지금의 이스라엘 지역.

보여줄 땅으로 가거라!"

"네, 알겠습니다. 하나님."

하나님은 아브람에게 약속하셨다. 아브람으로 하여금 큰 민족의 조상이 되게 할 것이며, 아브람에게 복을 주어 아브람의 이름을 크게 떨치게 하겠으며, 아브람으로 인해 다른 사람들도 복을 받게 될 것이라고 하셨다. 그리고 그에게 어마어마한 복을 주셨는데, 그것은 아브람을 축복하는 사람은 하나님도 그 사람에게 복을 주실 것이고 아브람을 저주하는 사람은 그 사람도 저주할 것이라는 것이었다. 또한, 아브람을 통해서 땅의 모든 민족이 복을 받을 것이라고 하나님은 말씀하셨다.

아브람은 가족들과 자신의 모든 재산과 종들을 이끌고 자신이 살던 하란을 떠나 가나안 땅으로 갔다. 이들이 가나안 땅 세겜이라는 곳에 도착했을 때 그곳에는 가나안 원주민들이 살고 있었다. 그러나 하나님은 아브람에게 가나안 땅을 아브람의 후손에게 주겠다고 약속하셨다. 아브람은 자기에게 나타나신 하나님께 감사하며 하나님을 위해 제단을 쌓고 제사를 드렸다.

가나안 땅에 심한 흉년이 들어 아브람은 이집트로 갔다. 이집트로 간 아브람 일행은 이집트에서 쫓겨나 가나안 남쪽 네겝이라는 곳에 살다가 이전에 살던 가나안 땅으로 다시 돌아오게 되었다. 하나님께서 아브람에게 직접 찾아가셔서 아브람을 인도하신 이유는 창세부터 약속하신 것을 이루시기 위함이셨다. 하나님은 아브람이 구세주 탄생의 통로가 되기를 원하셨고 아브람을 통해 구세주의 일을 이루기 원하셨다. 그래서 아브람은 하나님의 자식을 주겠다는 약속과 구세주에 대한 말씀을 믿고 75세의 늙은 나이에 자신의 안정적인 생활기반을 다 버리고 하나님의 명령에 순종했다.

Chapter 04
아브람과 조카 롯

    아브람이 하나님의 명령에 따라 하란을 떠나 가나안 땅으로 이주할 때 조카 롯과 그의 식구들도 함께 떠났으며 가나안 땅에 흉년이 들어 이집트로 갈 때도 조카와 함께 이사를 했다. 이집트를 나와 가나안 땅에 다시 정착했을 때 아브람에게는 재산이 상당히 많았다. 가축뿐만 아니라 은과 금도 많은 상태였다. 물론, 아브람의 조카 롯도 소와 양과 종들이 많은 부자였다.

    어느 날 아브람과 롯의 종들이 자신들의 가축들에게 좋은 풀을 먹이려고 서로 싸우게 되었다. 그들에게 가축의 수가 점점 늘어났기 때문이었다. 그래서 아브람이 롯에게 말하였다.

    "우리는 한 친척이지 않느냐? 우리의 목자들이 더 이상 서로 다투면 안 되니 여기서 갈라서자!"

    "알았어요. 삼촌 말씀이 맞아요. 그렇게 하는 것이 좋겠어요."

    "네가 원하는 땅으로 가면 나는 반대쪽으로 갈 것이다."

    롯은 요단강 근처에 물이 풍족한 것을 보고 그쪽을 택했다. 그곳에는 소돔과 고모라성이 있었는데 마치 에덴동산과 같고 이집트의 비옥한 땅과도 같았다.

롯이 아브람을 떠난 후, 하나님은 아브람에게 말씀하셨다.

"아브람아!"

"네, 하나님."

"너는 네가 있는 곳에서 동서남북을 바라보아라. 보이는 땅을 너와 네 후손에게 영원히 주겠다. 네 후손을 땅의 티끌처럼 많게 할 것이다."

아브람은 하나님이 자신을 통해서 나라와 민족을 이룰 만큼 어마어마하게 많은 후손을 태어나게 해주시겠다는 말씀에 감사하며, 헤브론이라는 땅에 가서 정착하고 거기서 하나님께 제단을 쌓고 감사의 제사를 드렸다. 이 당시 가나안 땅에는 여러 왕이 성을 이루어 살고 있었다. 엘람 왕 그돌라오멜 외에 세 왕은 연합군을 만들어 가나안 땅에 있는 나라들을 점령해 나갔으며, 이들 중 엘람왕 그돌라오멜의 속국이었던 소돔과 고모라를 포함한 다섯 나라가 연합하여 12년 동안의 속국 생활을 청산하기 위해 13년째 반기를 들었다.

하지만, 이들은 결국 패하였고 엘람 왕 외에 세 나라 연합군은 소돔과 고모라의 재물과 식량을 모조리 빼앗아갔으며 소돔에 살고 있던 아브람의 조카 롯도 붙잡아가고 그의 재산까지 약탈해 갔다. 그때 도망쳐 나온 한 사람이 아브람에게 이 사실을 알렸다. 아브람은 조카를 구하기 위해서 아브람과 동맹한 아넬과 에스골과 마므레와 함께 아브람의 집에서 태어난 훈련이 잘된 318명을 이끌고 엘람 왕의 연합군에게서 조카를 구하려고 쫓아갔다.

아브람은 병력을 나누고 밤을 틈타 연합군 네 왕을 공격하여 싸움에서 이겼다. 그리고 약탈당한 재물을 다시 빼앗아 왔고 조카 롯과 그의 모든 소유와 붙잡혀 간 사람들을 모두 되찾아 왔다. 아브람이 그돌라오멜왕과 그와 동맹한 연합군들을 쳐부수고 돌아올 때 패전한 소돔 왕이 '왕의 골짜기'라는 곳까지 나와서 아브람을 영접했다. 그리고 예루살렘 왕이면서 하나님의 제사장인 멜기세덱은 빵과 포도주를 가지고 나와서 아브람을 축복했다. 아브람은 자신을 축복해준 멜기세덱에게 모든 전리품의 10분의 1을 바쳤다.

한편, 소돔 왕은 아브람에게 자기 백성들만 돌려보내고 전리품은 아브람이 다 가지라고 했다. 아브람은 이 전리품을 가지게 되면 당시 가나안 땅에 있는 어떤 나라의 왕보다도 더 큰 부자가 될 수 있었다. 하지만, 아브람은 후일에 "소돔 왕으로 인해서 부자가 되었다." 라는 말은 듣기 싫다며 전리품을 가져오는 것을 거절하였다.

당시 아브람은 소돔과 고모라를 비롯한 연합군을 쳐부순 그돌라오멜의 연합군을 이겼으니, 모든 나라의 왕이 될 수도 있는 상황이었다. 그랬기에 아브람에게는 어쩌면 이번 기회에 가나안 땅에 있는 모든 나라들을 차지하고 싶은 마음이 생겼을지도 모른다. 하지만, 아브람에게는 자식도 없었고 자신의 종들과 민족이 소수였기에 가나안 땅의 모든 나라를 다스리기에는 무리라고 생각했을 것이다.

아브람에게 나라를 세울 수 있는 아주 좋은 기회였지만 아브람은 하나님이 자신을 통해 민족을 이루어주시겠다는 약속을 믿었기에 훗날을 기약할 수 있었다.

Chapter 05
아브람에 대한 하나님의 약속

아브람이 롯을 구출하고 얼마 후, 하나님이 아브람에게 환상으로 나타나셨다.

"아브람아! 내가 네게 큰 상을 줄 것이다."

"하나님! 저에게 무엇을 주시려고 합니까? 저는 아들이 없습니다. 상을 주셔도 저의 재산을 물려줄 만한 사람은 저의 종인 엘리에셀뿐입니다. 하나님의 상이 제게 무슨 소용이 있겠습니까?"

"아니다. 엘리에셀이 상속자가 아니라 네 아내 사래를 통해 자식이 태어날 것이며 그가 너의 상속자가 될 것이다."

그리고 하나님은 아브람에게 밖으로 나와서 하늘의 무수히 많은 별을 세어 보라고 하셨다. 하나님은 하늘의 별들처럼 후손이 많을 것이라고 아브람에게 약속하셨다. 아브람이 비록 지금은 자식이 없지만 하나님의 약속을 믿었기 때문에 하나님은 이 믿음을 보시고 그를 의롭게 여기셨다. 아브람이 하나님께 제사를 드리고 해질 무렵 깊은 잠에 빠졌을 때, 하나님께서 아브람에게 엄청난 예언의 말씀을 하셨다.

하나님은 아브람의 후손이 외국 땅에서 400년 동안 종살이하며 학대를 받을 것이고 종살이시킨 나라를 하나님이 벌하실 것이라고 하셨다. 그리고 그 후에 아브람의 후손들이 많은 재물을 가지고 그 나라에서 해방될 것이며 아브람의 후손은 4대만에 지금의 가나안 땅으로 다시 돌아올 것이라고 하셨다.

이 예언은 훗날 실제로 이루어진다. 아브람의 손자 야곱이 나이 많아 늙었을 때, 흉년으로 말미암아 가나안 땅에서 이집트로 이주하게 된다. 그리고 430년 동안 이집트에서 종으로 살다가 하나님이 그들을 이집트에서 구원해 주신다. 하나님은 태초에 예언하신 구세주에 대한 약속을 결코 잊지 않으셨다. 아브람의 후손 중에서 구세주가 반드시 태어날 것임을 아브람이 기억하고 믿음으로 준비하길 바라신 것이다.

Chapter 06
아랍인들의 조상 이스마엘

아브람이 75세 되던 해에 자식을 주시겠다는 하나님의 약속이 있었지만 아브람의 아내 사래는 늙도록 자식을 낳지 못했다. 10년을 기다려도 하나님이 자식을 주시지 않자 사래는 자신의 몸종 하갈을 통해서 남편 아브람의 자손을 이어가길 원했다. 그리고 아브람에게 자신의 몸종을 통해 대를 이어가자고 간청했다. 아브람은 하나님의 약속을 믿지 않고 사래의 간청을 받아들여 여종 하갈을 통해 아들 이스마엘을 낳게 되었다.

하나님은 아브람에게 사래를 통해서 자식을 주시겠다고 분명히 약속하셨지만, 아브람은 아무리 기다려도 사래에게서 자식이 생기지 않자 그만 하나님의 약속을 잊어버리고 여종의 몸을 통해서 자식을 얻게 되는 죄를 범하게 된 것이다. 이스마엘이 태어난 지 14년 후에 아브람은 사래를 통해 이삭을 낳게 되었다. 그리하여 이삭은 지금의 이스라엘의 조상이 되었고 이스마엘은 아랍권 국가들의 조상이 되었다. 만약, 아브람이 하나님의 약속을 믿고 기다렸다면 지금의 중동지역에서 민족 간의 보복 전쟁은 없었을지도 모른다.

하나님은 종에게서 난 자식 이스마엘이 아니라 약속의 자녀 이삭을 통해서 태어난 사람만이 하나님의 자녀라고 하셨다. 하나님은 구세주가 이스마엘의 후손이 아닌 이삭의 후손 중에서 태어날 것을 분명히 약속하셨다.

Chapter 07
계약의 증표, 할례

기원전 2,077년경 아브람이 99세가 되던 어느 날, 하나님은 아브람에게 나타나 다시 한 번 더 이전에 약속하신 말씀을 상기시키셨다. 아브람이 많은 민족의 조상이 될 것이며, 이제부터는 아브람의 이름을 '아브라함'이라고 하고, 아내 사래의 이름을 '사라'로 부르겠다고 하셨다. 그리고 아브라함을 통해서 많은 나라를 이룰 후손들을 줄 것이며, 후손 가운데 많은 왕이 나올 것과 구세주가 태어날 것임을 말씀하셨다.

하나님은 아브라함 후손들의 하나님이 될 것임을 영원한 계약으로 약속하셨다. 그리고 영원한 계약의 증표로 아브라함과 모든 남자는 표피를 자르라는 할례의 언약을 말씀하셨다. 하나님이 아브라함에게 약속한 언약의 할례는, 하나님이 친히 아브라함과 아브라함 후손들의 하나님이 되고 그들은 하나님의 백성이 되는 엄청난 축복의 표시였다.

아브라함은 하나님의 말씀을 듣고 본인과 자식 이스마엘과 자신의 집에 속한 모든 남자에게 할례를 행했다. 그리고 1년 뒤 아들 이삭을 낳고 8일 만에 할례를 행했다. 이후, 이스라엘의 후손들은 태어난 지 8일이 되면 모두 할례를 받았다. 할례를 행한 이들은 하나님의 백성이라는 자부심으로 자신들은 할례를 받지 못한 사람들과 구별된 특별한 사람이라고 생각하며 살았다.

오늘날 남성의 표피를 제거하는 포경수술에 종교적 의식을 더한 것이 바로 할례인데, 이는 가죽을 잘라낸다는 의미로, 영적으로는 과거의 죄를 잘라 없앰을 뜻한다. 할례는 구세주가 오신 이후에는 세례로 대체되었다. 할례는 과거의 자신은 죽고 하나님의 백성으로 다시 태어났다고 하는 공식적인 선언이다. 또한, 할례는 낡은 가죽을 벗어버리고 새로운 가죽으로의 변경을 나타내는 것으로, 구세주를 통한 구원을 의미한다.

할례의 증표를 통해 하나님은 이스라엘 민족의 보호자가 되겠다는 굳은 계약을 하신 것이었다. 그리고 하나님의 백성이 된 이스라엘 민족은 하나님의 말씀(법)대로 살겠다는 계약을 하나님과 맺게 된 것이었다. 즉, 할례를 받아 하나님의 백성이 되었다는 것으로 끝나는 것이 아니라 하나님의 말씀을 잘 지켜야 되는 의무를 갖게 되었다.

물론 지금의 할례의 의미는 겉으로 보이게 행하는 육체의 할례가 아닌 마음의 할례를 받는 것을 뜻한다. 마음으로 죄를 잘라 없애고 구세주를 통해 다시 태어나는 마음의 할례를 받아야 하는 것이다. 교회만 나온다고 하나님의 백성이 된다는 착각에 빠지면 안 된다. 하나님이 말씀하신 것을 믿고 지켜 실천으로 옮겨야 진정한 하나님의 백성이 되는 것이다.

Chapter 08
소돔과 고모라의 멸망

아브라함이 99세에 할례를 행하고 얼마 후, 어느 몹시 더운 날 낮에 하나님이 보내신 세 천사가 아브라함에게 나타났다. 이들은 사람의 모습으로 나타나 아브라함의 조카 롯이 살고 있는 소돔성에 갈 예정이었다. 아브라함은 이들이 하나님이 보내신 천사임을 알아보고 이들을 성심껏 잘 모시면서 쉬어 가라고 부탁했다. 그들은 아브라함의 대접을 받고 아브라함에게 축복의 말을 전했다.

"아브라함아! 내년 이 맘 때에 내가 반드시 너를 다시 찾아올 것이다. 그 때에는 네 아내 사라에게 아들이 생길 것이다."

그리고 둘은 소돔을 향해 떠나고 하나는 남아 앞으로 소돔과 고모라성이 멸망하게 될 것을 알려주었다. 소돔과 고모라 사람들이 너무 악하여져서 하나님께서 더 이상 두고 볼 수 없어 멸망시킨다는 것이었다. 그때 아브라함은 "소돔성에 50명의 의로운 사람이 있으면 소돔성을 멸망시키지 마시고 용서해 주십시오."라고 간청했다.

"소돔성에는 50명의 의인이 없다."

천사가 대답하자 아브라함은 다시 천사에게 부탁했다.

"45명의 의인이 있으면 용서해 주십시오."

"45명의 의인이 없다."

계속해서 아브라함은 30명, 20명, 10명의 의인이 있으면 용서하시겠느냐고 차례대로 부탁했다. 하지만, 30명도, 20명도, 마지막으로 10명의 의인도 없다고 하나님의 천사는 말했다.

한편, 그날 저녁 두 천사가 소돔성에 도착했을 때, 아브라함의 조카 롯이 소돔 성문에 앉아 있다가 그들을 보고 즉시 일어나 영접하여 엎드려 절하고 자신의 집에 머물기를 간청했다. 두 천사는 롯의 집에 머물기로 결정했는데, 그들이 잠자리에 들기 전에 소돔 사람들이 어른부터 아이에 이르기까지 사방에서 몰려와 롯의 집을 둘러싸고 롯의 집에 머무는 두 사람을 끌어내어 강간하겠다고 외쳤다. 이 당시 소돔성에 사는 사람들은 나이 많은 사람이든 어린 사람이든 성적으로 대단히 문란했다.

롯은 밖으로 나가 문을 닫고 소돔성 사람들에게 외쳤다.

"제발 부탁이니 악한 짓은 하지 말고, 나에게 시집가지 않은 두 딸이 있으니 대신 이들을 데려가시오!"

롯은 사람들에게 간청했다. 그러나 그들은 롯에게, "야! 이놈아. 소돔성에 살게 해 준 것을 고맙게 생각지 않고 네가 우리의 법관 노릇을 하는구나!" 하고 말했다.

그들은 롯에게 달려들어 문을 부수려고 했다. 이때 안에 있던 두 천사가 손을 내밀어 롯을 집 안으로 끌어들이고 문을 닫은 다음, 어른, 아이 할 것 없이 문밖에 있던 사람들의 눈을 모조리 어둡게 만들었다. 그래서 그들이 문을 찾지 못해 더 이상 들어가지 못하게 만들었다. 두 천사는 하나님께서 소돔성을 멸망시킬 것이니 소돔성 안에 사는 자녀나 사위나 그밖의 다른 친척이 있으면 그들을 모두 성 밖으로 피신시키라고 했다.

롯은 자기 딸들의 약혼자들에게 하나님이 성을 멸망시킬 것이니 성을 빨리 떠날 것을 알렸지만 그들은 이를 농담으로 여기고 롯의 말을 무시해버렸다. 동이 트자 천사들이 롯을 재촉하여 아내와 두 딸을 데리고 서둘러서 성을 빠져나가라고 했다. 그렇지 않으면 이 성과 함께 멸망할 것이라고 했지만 롯은 망설이고 있었다. 그래서 천사들이 롯과 그의 아내와 두 딸의 손을 잡고 그들을 성 밖으로 이끌어 냈다. 그리고 그들에게 신신당부하며 말했다.

"절대로 뒤돌아보거나 도중에 멈추지 말고 무조건 산으로 도망가라. 그렇지 않으면 죽게 될 것이다!"

"산으로 가기는 힘듭니다. 저기 가까이 있는 작은 성으로 가게 해주십시오!"

하나님의 천사들은 그들이 가까이에 있는 작은 성에 들어가기까지 롯의 요구대로 멸망시키지 않겠다고 약속했다.

롯이 작은 성에 이르렀을 때 해가 떠오르고 있었다. 그때, 하나님은 소돔과 고모라성에 재앙을 내리셨다. 하늘에서 유황과 불을 비처럼 엄청나게 쏟아 부어 소돔과 고모라성에 사는 사람들과 그 주위의 들과 땅에 자라는 모든 것을 완전히 소멸시키셨다. 그러나 롯의 아내는 순간 뒤를 돌아보고 말았다. 그리고 그녀는 즉시로 소금 기둥이 되어버렸다.

하나님은 아브라함을 생각하여 롯을 구원해 주셨다. 소돔과 고모라성의 재앙은 하나님이 하늘에서 유황과 불을 비처럼 쏟아 부어 성을 완전히 태워버렸을 뿐만 아니라 지금은 흔적조차 찾을 수 없게 된 대재앙이었다. 하나님은 죄악을 행하는 사람을 결코 용서하지 않으셨다. 어린아이든 어른이든 그들의 씨를 말려 버리고, 흔적이 남지 않을 정도로 재앙을 내리셨다.

하지만, 하나님을 두려워하는 사람들은 재앙에서도 살아남았다. 노아 시대의 홍수 때 노아와 그의 가족이 살아남았고, 소돔과 고모라의 멸망 때 롯과 그의 가족이 구원을 얻었다. 하나님은 재앙을 내리시기 전에, 하나님을 잘 섬기는 사람들에게는 그들이 비록 죄인일지라도 의인으로 인정해 주시고 그들을 멸망에서 건져내신다. 그러나 세상에 미련을 가지고 뒤돌아 본 롯의 아내와 같은 사람은 구원의 마지막 순간에 구원을 얻지 못하게 된다.

하나님은, 소돔과 고모라와 같이, 그 시대 문명이 아무리 뛰어난 도시였을지라도 아까워하지 않으시고 그곳을 흔적도 없이 완전히 멸망시키셨다. 마찬가지로 현대 문명이 아무리 발전하고, 인간이 공을 들여 아무리 아름답게 탑을 쌓아올릴지라도 그곳이 죄악으로 가득 차고 하나님을 두려워하지 않는 곳이라면 하나님은 전혀 아까워하지 않으시고 흔적도 없이 그것들을 소멸시키실 수 있으시다.

Chapter 09
아브라함의 아들 이삭

드디어 기다리고 기다리던 아브라함의 아들 이삭이 태어났다. 하나님은 약속하신 대로 사라에게 복을 주어 사라가 아이를 낳게 되었다. 아브라함의 나이 100세, 사라의 나이 90세 되던 때였다.

이삭이 젖을 떼던 날에, 아브라함이 큰 잔치를 베풀었는데 사라의 여종 하갈에게서 태어난 이스마엘이 이삭을 괴롭혔다. 사라는 화가 나서 아브라함에게 말했다.

"하갈과 이스마엘을 쫓아내십시오! 이 여종의 아들은 우리 아들 이삭과 함께 재산을 물려받을 수 없습니다!"

아브라함은 이 일로 인해 매우 곤란하고 괴로워했다. 이삭도 자식이지만 이스마엘도 자신의 자식이었기 때문이었다. 그때 하나님이 아브라함에게 말씀하셨다.

"아브라함아!"

"예, 하나님."

"이스마엘과 여종 하갈 때문에 염려하지 마라. 사라가 무슨 말을 하든 그 말을 들어 주어라. 내가 너에게 약속한 자손은 이삭에게서 나올 것이다. 그러나 여종에게서 낳은 이스마엘도 네 아들이니, 내가 그의 자손도 큰 나라가 되게 할 것이다."

"네, 알겠습니다. 하나님."

그리하여 다음날 아브라함은 여종 하갈과 그의 아들 이스마엘을 자기 집에서 내보냈다. 이후 이스마엘은 광야에 살며 활의 명수가 되었고, 이집트 여자와 결혼했다. 하나님은 여종의 자식 이스마엘의 후손을 통해서가 아니라, 사라를 통해서 태어난 약속의 자식인 이삭의 후손을 통해서 구세주가 태어날 것임을 아브라함에게 다시 한 번 더 말씀하신 것이다.

Chapter 10
아브라함의 시험

이삭이 장성했을 때 하나님은 아브라함을 시험하려고 불렀다.

"아브라함아!"

"예, 제가 여기 있습니다."

"너는 사랑하는 아들 이삭을 데리고 모리아 땅에 있는 산으로 가서 외아들 이삭을 잡아, 태워 드리는 제물인 번제물로 하나님께 바쳐라."

아브라함은 100세가 되어 어렵게 얻은 외아들을 하나님이 제물로 바치라는 말씀을 듣고, '하나님께서 왜 이런 엄청난 명령을 내리시는 것일까?'라는 생각으로 잠을 이루지 못하고 지금까지 자신의 믿음을 되돌아보게되었다. 그리고 나름대로 믿음의 결론을 내리게 되었다. 다음날 아침 일찍 일어나 나귀에 안장을 지우고 제물을 태울 나무를 준비하여 두 종과아들 이삭을 데리고 3일을 걸어 하나님이 지시한 곳이 보이는 곳에 도착했다.

그리고 종들에게 나귀와 함께 더 이상 따라오지 말라고 지시했다. 아브라함은 아들 이삭에게 제물로 태울 나무를 가지고 가게 하고 아브라함은 불과 칼을 들고 갔다. 도중에 이삭은 이상하게 생각했다. 지금까지 하나님께 많은 제사를 드렸지만 이번에는 제물로 바칠 짐승이 없었기 때문이다. 그래서 이삭은 아버지 아브라함에게 물었다.

"아버지!"

"왜 그러느냐?"

"불과 장작은 있는데 번제로 바칠 양은 어디에 있습니까?"

"얘야, 하나님께서 번제로 바칠 양을 준비하실 것이다."

그리고 계속 걸어서 하나님이 지시하신 곳에 도착했다. 아브라함은 그곳에 제사를 지낼 단을 쌓고 나무를 벌여 놓은 다음 이삭을 묶어서 제단 나무 위에 올렸다. 이삭은 아버지의 이러한 행동에 전혀 반항하지 않았다. 아브라함 역시 상식을 벗어난 하나님의 명령에 대해 한마디의 불만도 표시하지 않았다. 그냥 하나님이 시키시는 대로 외아들 이삭을 죽이려고 칼을 들어 내리치려는 순간, 하나님의 음성이 들리게 되었다.

"아브라함아! 아브라함아!"

"예, 제가 여기 있습니다."

"네 손을 아들에게 대지 말고 아무 일도 그에게 하지 마라. 네가 하나밖에 없는 네 외아들까지 아끼지 않았으니 네가 나를 경외하는 줄을 내가 이제야 알았다."

아브라함이 주위를 둘러보니 수양 한 마리가 수풀에 뿔이 걸려 도망가지 못하고 있었다. 아브라함은 그 양을 잡아다가 아들 대신 번제물로 바쳤다. 아브라함은 자식을 번제물로 바치라는 하나님의 시험이 있기 전까지, 하나님을 의지하는 믿음이 있었지만 때로는 믿지 못한 적이 여러 번 있었다.

이집트에 갔을 때, 이집트 왕이 자기의 아내 사라의 미모를 보고 자기를 죽이고 아내를 차지할까 봐 아내에게 자신을 오빠라고 말하라고 했고, 아비멜렉 왕에게도 자신의 아내를 누이동생이라고 속였으며, 아들을 주시겠다고 여러 번 말씀하신 하나님의 약속을 마음으로 확실히 믿지 않은 적도 있었다.

하지만, 자신이 100세가 되어 아들을 가진 이후, 하나님은 전지전능하신 분이시며 자신의 길을 지켜 주시는 분임을 깨달았고, 전적으로 하나님을 믿고 신뢰하면서 살게 되었다. 하나님은 아브라함에게 더 큰 복을 주시려고 아브라함이 복을 받을 만한 자격이 되는지를 시험하셨다. 그 시험은 100세의 노인이 되어 얻은 하나밖에 없는 아들보다 하나님을 더 사랑하는지에 대한 시험이었던 것이다.

이 시험을 잘 통과했을 때, 하나님은 "이제야 네가 나를 경외하는지 알았다."고 말씀하셨다. 하나님은 아브라함이 이전에 믿음 없이 행동한 것에서 벗어나 이제야 굳건한 믿음이 생긴 것을 인정하신 것이다. 이 일로 인해 하나님은 아브라함에게 믿음의 조상이 되는 복을 주셨다. 복의 근원이신 하나님은 우리에게 복을 주시기 이전에 먼저 그 사람이 복 받을 자격이 되는지를 테스트하신다. 그 테스트를 잘 통과한 사람은 하나님의 복을 받을 수 있게 된다.

아브라함은 믿음으로 이삭을 바쳤다. 이전에 하나님께서 약속하시길, 자식 이삭을 통해 많은 후손이 태어날 것이며, 구세주가 태어날 것이라는 말씀을 아브라함은 굳게 믿고 있었던 것이다. 아브라함에게는 또한 만약 이삭이 죽는다고 하더라도 하나님이 이삭을 살리시리라는 확실한 부활의 믿음이 있었다. 이 믿음이 있었기에 이삭을 제물로 바치는 것을 행동으로 옮길 수 있었고, 이 행동, 즉 믿음을 보시고 하나님은 아브라함에게 믿음의 조상이라는 칭호를 주신 것이다.

하나님은 아브라함에게 믿음의 조상이 되게 하려는 계획을 가지고 계셨지만, 그때까지 아브라함은 특별히 믿음의 큰 본을 보여 준 일이 없었다. 그래서 하나님은 이삭을 번제로 드리는 시험을 통해 아브라함으로 하여금 큰 믿음의 소유자가 되게 하신 것이다. 하나님은 지금도 우리에게 복을 주시기 전에 우리가 복 받을 자격이 되는지 테스트하신다. 이 테스트를 믿음으로 통과하면 우리도 아브라함과 같은 믿음의 조상이 되는 복을 얻게 될 것이다.

여기서 이삭을 대신하여 제물로 바쳐진 양은 구세주를 상징한다. 이삭 대신 양이 죽었듯이, 구세주가 훗날 모든 사람을 대신하여 제물로 바쳐져 십자가에서 죽게 된다.

Chapter 11
에서와 야곱

아브라함의 아내 사라는 127세에 죽고 이삭은 40세 되던 해에 리브가와 결혼했다. 그리고 20년 후 이삭이 60세 되던 해에 쌍둥이 에서와 야곱을 낳았다. 이들이 태어난 지 15년 후에 아브라함은 175세로 세상을 떠났다.

기원전 2006년경, 이삭의 아내 리브가가 쌍둥이를 임신했을 때 아기들이 뱃속에서 서로 싸웠다. 그리고 아기들이 태어날 때, 동생 야곱이 형 에서의 발꿈치를 꽉 잡고 나왔다. 에서는 자라서 능숙한 사냥꾼이 되어 산으로 들로 돌아다니며 사냥을 했고, 동생 야곱은 조용한 사람이라 집에만 머물러 있는 것을 좋아했다.

이삭은 큰아들 에서가 사냥해 온 고기를 좋아하며 야곱보다 그를 더 사랑했으며, 리브가는 야곱을 더 사랑했다. 에서는 하나님에 대한 믿음의 교육을 받는 것보다 사냥하는 일을 더 좋아했다. 반면에 야곱은 어머니 곁에서 하나님에 대한 교육을 철저히 받았다. 야곱은 장자에 대한 하나님의 복이 얼마나 중요한지 어머니 리브가로부터 배우고 마음에 새기고 있었다.

리브가는 결혼해 올 당시, 하나님이 축복하신 아브라함의 가문에 시집 오는 것을 영광스럽게 생각했다. 아브라함의 후손 중에서 구세주가 태어 날 것을 믿었다. 그래서 구세주의 조상이 되는 복을 얻으려면 어떻게 살 아야 하는지를 잘 알았다. 그래서 그것을 아들 야곱에게도 잘 가르치고 지키게 했다. 리브가는 두 아들 모두에게 하나님과 구세주에 대해 가르쳤 지만 큰아들 에서는 사냥하는 일에만 관심이 있었던 반면, 작은아들 야곱 은 자신의 얘기를 귀담아듣는 것을 보고 작은아들에게 더 큰 애착을 가졌 다.

Chapter 12
장자의 축복을 팔아버린 에서

어느 날, 그날도 어김없이 에서는 사냥을 하느라 산으로 들로 다니다가 집으로 돌아오니 배가 너무도 고팠다. 마침 야곱은 죽을 끓이고 있었고 에서는 동생 야곱에게 말했다.

"야곱, 그 붉은 죽을 좀 다오. 내가 배가 너무 고프구나."

"형, 그러면 맏아들의 권리를 내게 팔면 빵과 팥죽을 줄게요."

"배고파 죽겠는데 그까짓 맏아들의 권리가 무슨 소용이냐?"

"그렇다면, 그 권리를 나에게 주겠다고 약속해요. 형!"

장자의 축복을 가볍게 여겼던 에서는 자신의 맏아들 권리를 동생 야곱에게 팔아 버렸다. 세월이 흐른 후, 아버지 이삭은 나이가 많아 눈이 어두워져서 잘 볼 수 없게 되었다. 이삭은 죽기 전에 큰아들을 축복하려고 자신이 좋아하는 별미를 만들어 오라고 에서를 불렀다. 이때 이삭의 아내 리브가가 이삭과 에서가 하는 얘기를 엿듣고는 에서가 별미를 위해 사냥하러 들로 나간 사이에 좋은 염소 새끼 두 마리로 요리를 했다. 그리고는 작은아들 야곱에게 장자의 축복을 받게 하려고 아버지 이삭에게 요리한 것을 가져가게 했다. 눈이 어두운 이삭은 야곱이 가져온 요리를 배불리 먹고 그만 야곱에게 장자의 축복을 마음껏 하였다.

"하나님께서 너에게 충분한 비와 좋은 땅을 주시고 넉넉한 곡식과 포도주를 주실 것이다. 나라들이 너를 섬기고, 백성들은 너에게 절할 것이다. 너는 네 형제들을 다스리고, 네 어머니의 아들들이 너에게 엎드려 절할 것이다. 너를 저주하는 사람은 저주를 받고, 너를 축복하는 사람은 복을 받을 것이다."

야곱이 아버지의 축복을 받고 나오자 마자 형 에서가 도착했다. 에서는 장자의 축복을 빼앗긴 사실을 알고 그제야 대성통곡하면서 아버지에게 다시 자신을 축복해 달라고 간청했다. 그리고 동생 야곱이 자신을 속이고 자신이 받아야 할 복을 빼앗아 갔다고 했다. 이 일로 인하여 에서는 야곱을 심히 미워하게 됐다. 그리고 아버지 이삭이 죽으면 동생 야곱을 죽여 버리겠다고 혼자 중얼거렸다. 어머니 리브가는 에서가 중얼거리는 말을 듣고 야곱에게, 형이 분풀이하려고 하니 분이 풀릴 때까지 외삼촌 집에 피신해 있으라고 했다.

오래전에 하나님은 이삭에게도 아브라함에게 주었던 복을 동일하게 주시겠다고 약속하셨다. 이삭을 통해 많은 후손이 태어날 것이며, 이삭 역시 민족의 조상이 될 것이며, 이삭의 후손 중에서 구세주가 태어날 것을 약속하셨다. 이를 위해 이삭은 하나님께서 아버지 아브라함과 자신에게 주신 복을, 형을 피해 도망가는 야곱에게도 주실 것을 간구했다.

결과적으로 야곱은 비록 육체로는 차남이었지만 영적으로는 장자가 되었다. 야곱이 형을 속여서까지 장자의 축복을 받으려고 한 것은 자신의 후손 중에서 구세주가 태어나기를 간절히 사모했기 때문이다.

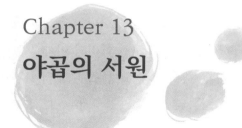

Chapter 13
야곱의 서원

야곱이 외삼촌 집으로 도망가는 도중에 해가 저물자 돌을 베개 삼아 잠을 청했다. 그리고 꿈속에서 사다리가 땅에서 하늘 꼭대기에 닿고 하나님의 천사가 사다리 위를 오르락내리락하는 것을 보았다. 꿈속에서 사다리 위에 계신 하나님이 야곱에게 말씀하셨다.

"야곱아! 나는 네 할아버지 아브라함의 하나님, 아버지 이삭의 하나님이다."

야곱은 하나님의 말씀을 듣고 있었다. 하나님은 계속해서 야곱에게 복의 말씀을 하셨다.

"내가 너와 네 자손에게 네가 지금 자고 있는 땅을 줄 것이다. 땅의 모든 민족이 너와 네 자손으로 인해 복을 받을 것이며, 네가 어디를 가든지 내가 지켜 줄 것이다. 내가 너에게 약속한 것을 다 이루기 전까지 결코 너를 떠나지 않을 것이다."

야곱은 하나님이 자기를 지켜 주심을 확신하고 기뻐했다. 그리곤 아침 일찍 일어나 베개로 삼고 잤던 돌을 기둥처럼 세우고 꼭대기에 기름을 붓고 그곳의 이름을 '벧엘'이라고 하였다. 그리고 야곱은 하나님께 서원(誓願)[2]했다. 자신이 가는 길을 하나님께서 보호해 주셔서 아버지 이삭이 있는곳으로 다시 돌아오게 되면, 기둥으로 세운 돌이 하나님의 집이 될 것이며, 자신의 모든 소유의 10분의 1을 하나님께 바치겠다고 말이다.

야곱은 훗날 큰 부자가 되어 집으로 돌아오면서 하나님과의 약속을 잊어버렸지만, 하나님은 야곱이 약속한 서원을 생각나게 하셔서 그것을 모두 지키게 하셨다. 야곱이 꿈에서 본 사다리는 구세주를 상징한다. 죄로 말미암아 하나님과 단절된 인간이 더이상 하나님께 나아갈 수 없게 되었지만, 오직 구세주를 통해서 다시금 하나님께 나아갈 수 있음을 하나님은 야곱의 꿈을 통해 보여 주신 것이다.

---

2) 하나님께 자신의 소원을 빌고 그것이 이루어지면 그 보답으로 헌물(獻物)을 드릴 것을 맹세하는 일.

Chapter 14
야곱의 아들들

 야곱은 맏아들의 권리를 형을 속여서 얻었다. 그런데 형 에서가 자신을 죽이려 하자 무서워서 외삼촌 라반의 집으로 도망갔다. 야곱은 그곳에서 외삼촌 라반의 둘째딸 라헬을 사랑하게 됐다. 그래서 둘째딸 라헬과 결혼하려고 외삼촌을 위해서 7년 동안 종처럼 일했다.

 하지만, 외삼촌은 결혼식 후 잠자리에 라헬의 언니 레아를 보내어 첫날밤을 치르게 했다. 아침에 깨어난 야곱은 자신이 속았다는 것을 알고 외삼촌에게 따졌지만 외삼촌은 다시 7년을 일하면 라헬을 주겠다고 하였다. 야곱은 다시 7년을 더 일하여 사랑하는 라헬을 아내로 맞이하게 되었다.

 세월이 흐른 후, 언니 레아는 자식이 있었지만 라헬은 자식이 생기지 않았다. 결국 라헬은 자신의 여종 빌하를 통해 자식을 얻게 해 달라고 간청하여 야곱은 빌하와 잠자리에 들어 자식을 가지게 되었다. 이에 언니 레아도 자신의 시녀 실바를 야곱에게 첩으로 주어 실바를 통해서도 자식을 낳게 하였다. 그리고 훗날 하나님은 라헬의 간절한 기도를 들어 주셔서 라헬에게도 아이를 낳게 해주셨다. 라헬을 통해 아들 요셉과 베냐민이 태어났다. 야곱은 4명의 부인을 통해 모두 아들 12명과 딸 1명을 낳았다.

야곱의 아들 열두 명이 지금의 이스라엘 열두지파의 조상이 되었다. 이들은 이스라엘 민족을 이루는 근간이 되었다. 야곱의 열두 족속 중에서 구세주가 태어나게 될 것이었다. 그리고 훗날, 야곱은 죽기 전에 넷째 아들 유다의 후손을 통해서 구세주가 태어날 것임을 예언하게 된다.

Chapter 15
야곱의 아들 요셉

야곱은 아들 열두 명 중에서 각별히 사랑한 아내 라헬을 통해 얻은 자식 요셉과 베냐민을 더 사랑하고 아꼈다. 야곱은 노년에 요셉을 얻었으므로 다른 아들보다 요셉을 더 사랑하여 화려하게 장식한 긴 겉옷을 만들어 요셉에게 입혔다. 요셉의 형들은 아버지가 요셉을 더 사랑하는 것에 대해 불만을 가지고 요셉을 미워하기 시작했다.

한번은 요셉이 꿈을 꾸고 형들에게 꿈에 대한 얘기를 했다.

"형님들! 내가 꾼 꿈 이야기를 들어 보세요."

"네가 꾼 꿈이 뭐냐?"

"형님들과 제가 들에서 곡식단을 묶고 있는데, 내 곡식단이 일어서니까, 형님들의 곡식단이 내 곡식단 곁으로 몰려들더니 내 곡식단 앞에 절을 했어요."

"뭐라! 네가 우리의 왕이라도 될 줄 아느냐? 네가 정말로 우리를 다스리게 될 줄 아느냐?"

형들은 요셉을 비웃으며 더욱 요셉을 미워하게 되었다. 이후, 요셉은 또 다른 꿈을 꾸고 형들에게 들려주었다.

"형님들! 내가 또 다른 꿈을 꾸었는데 꿈에 보니 해와 달과 열한 개의 별이 나에게 절했어요."

그리고 이 꿈 이야기를 아버지 야곱에게도 하였다. 그러나 야곱도 요셉의 꿈 이야기를 듣고 요셉을 꾸짖었다.

"그게 도대체 무슨 꿈이냐? 나와 네 어머니와 네 형들이 정말 네 앞에 가서 땅에 엎드려 절을 할 것이라고 믿느냐?"

이때 요셉의 형들은 요셉을 시기했지만, 아버지 야곱은 그 말을 마음에 새겨 두었다. 그러던 어느 날, 야곱은 요셉을 불러 멀리 양을 치러간 형들에게 다녀오라고 심부름을 시키면서, 형들이랑 양떼가 잘 있는지 살펴보고 오라고 하였다. 한편, 형들은 요셉이 멀리 오는 것을 보고 요셉을 죽일 음모를 꾸몄다.

"요셉을 죽여 구덩이에 던져 넣고 맹수가 잡아먹었다고 하자. 그리고 이전에 말한 꿈이 어떻게 되는지 두고보자!"

그때 맏형인 르우벤은 요셉을 살리기 위해, "요셉을 죽이지는 말자. 피를 흘리게 하지는 말자. 이 광야의 웅덩이에 저 아이를 던져 넣자. 하지만 해치지는 말자."고 했다. 르우벤이 이렇게 말한 것은 요셉을 그 형들의 손에서 구해 내어 아버지께 돌려보내기 위함이었다.

요셉이 형들에게 가까이 오자 형들은 요셉을 잡아 물이 없는 텅 빈 구덩이에 넣었다. 그리고 형들이 앉아서 음식을 먹다가 이집트로 가는 미디안 상인들을 보고 요셉의 넷째 형인 유다가 다시금 제안하였다.

"우리가 우리 동생을 죽이면 무슨 유익이 있겠느냐? 우리는 살과 피를 나눈 형제니 그냥 미디안 상인들에게 노예로 팔아 버리자!"

"그래, 좋아. 그냥 팔아 버리자!"

요셉의 형들은 이집트로 가는 미디안 상인들에게 은화 20개를 받고 동생 요셉을 팔아 버렸다. 맏형 르우벤은 잠시 자리를 비운 터라 이 사실을 알지 못하고 구덩이에 동생 요셉이 없는 것을 보고 옷을 찢고 슬피 울었다. 이후 형들은 염소를 죽여 피를 요셉의 옷에 적셔 아버지에게 가져가 요셉의 옷인지 확인해 보라고 했다. 야곱은 자신이 준 요셉의 옷과 동일한 것을 확인하고 요셉이 맹수에게 찢겨 죽은 줄 알고 오랫동안 아들 요셉의 죽음을 슬퍼하였다.

한편, 요셉은 미디안 상인들에 의해 이집트 파라오 왕의 신하이며 경호대장인 보디발이라는 사람에게 노예로 팔려 갔다.

Chapter 16
유다와 며느리 다말

　요셉을 이집트에 팔고 난 후, 야곱의 넷째아들 유다는 자기 형제들 곁을 떠나 다른 지방에 가서 살았다. 그리고 가나안 사람 수아의 딸을 만나 결혼해서 엘, 오난, 셀라 세 명의 아들을 낳았다.

　아브라함의 자손에게는 구세주를 탄생케 할 경건한 통로가 되어야 하는 막중한 임무가 있다. 그래서 유다도 구세주가 탄생하는 통로에 대한 임무를 수행하기 위해 장남 엘을, 하나님을 잘 믿는 이방인 다말이라는 여자와 결혼시켰다.

　하지만, 장남 엘은 자신이 좋아하는 여자가 따로 있었는지 다말을 사랑하지 않았던 것 같다. 장남 엘은 다말을 통해 자식을 낳기를 거부하였다. 이것은 하나님이 보시기에 아주 악한 행동이었다. 구세주의 통로가 되기 위해 자식을 많이 낳는 것이 이스라엘 사람들의 사명인데, 이것을 거부했기 때문이다. 그래서 하나님은 결국 엘을 죽이시고 만다. 유다는 이스라엘 전통에 따라 둘째아들 오난에게 형수 다말과 동침하라고 말했다.

　"오난, 너는 가서 너의 죽은 형의 아내와 같이 자거라. 그렇게 해서 네 형의 자손을 낳아 주는 것이 네 의무다."

형이 자식이 없이 죽으면 동생이 형을 위해 자식을 낳아 주는 의무를 다해야 하는 것이 이스라엘의 관습이었다. 그러나 둘째 오난은 아이를 낳아도 자기의 자식이 되지 못할 것을 알고 자식을 낳지 않으려고 관계를 가질 때마다 땅에다 사정했다. 이 일이 하나님 보시기에 악해서 둘째아들 오난 역시 하나님이 죽이시고 만다.

두 아들을 잃은 유다의 슬픔은 이루 말할 수 없었다. 유다는 셋째아들 셀라도 형들과 마찬가지로 죽을지 모른다는 두려움 때문에 며느리 다말에게 친정집으로 가서 아들 셀라가 성장할 때까지 기다리라고 했다. 그래서 다말은 친정집에 가서 셀라가 장성하여 대를 이을 아이를 낳아 주기를 기다렸다.

다말은 유다의 증조부인 아브라함과 할아버지인 이삭과 아버지 야곱의 하나님이 어떤 분인지 잘 알고 있었다. 그래서 믿음으로 유다의 가문에 시집을 왔고 자신을 통해 구세주가 태어날 것을 기대하고 있었다. 그러기에 유다의 손자를 낳아 주고 싶었는데 시동생 셀라가 장성하고 난 뒤에도 자신을 불러 주지 않자 시아버지 유다에게 서운한 마음이 일었다.

그러다 유다가 아내가 죽은 뒤 친구와 함께 자기 양떼의 털을 깎으려고 다말의 친정집 근처로 가고 있었다. 며느리 다말은 시아버지가 양털을 깎으러 친정집 근처 마을로 온다는 사실을 알고 이때 과부의 옷을 벗고 면사포로 얼굴을 가린 채 근처 마을로 가는 길 옆 마을 입구에 창녀처럼 앉아 있었다.

그리고 유다가 다말이 있는 곳을 지나가게 되었다. 다말은 면사포로 얼굴을 가리고 있었다. 유다는 그 여자가 창녀인 줄 알고, "여자여, 잠자리를 같이하자!"고 했다.

"제가 같이 자 드리면 그 값으로 무엇을 주실 건가요?"

"음…. 내 가축 떼 중에서 새끼염소 한 마리를 보내주겠다."

"그렇다면 염소 새끼를 보내주겠다는 약속의 물건을 먼저 맡겨 주시지요."

"어떤 것을 맡기면 좋겠느냐?"

"가지고 계신 도장과 끈과 지팡이를 주십시오."

유다는 도장과 끈과 지팡이를 여자에게 주고 나서 잠자리를 같이했다. 다말은 이 일 후 곧바로 친정집으로 가서 면사포를 벗고 과부 옷을 다시 입었다. 유다는 친구에게 부탁하여 염소 새끼와 창녀에게 담보로 맡긴 물건을 교환해 오라고 하였다. 유다의 친구는 여자를 찾지 못하여 근처 마을 사람들에게 창녀가 어디 있느냐고 물었지만, 그 마을에는 창녀가 살지 않는다는 답변만 듣고 그냥 되돌아왔다.

석 달쯤 후에 어떤 사람이 며느리 다말이 창녀 짓을 하여 임신하였다고 유다에게 알려주었다. 이 말을 들은 유다는 노발대발하여 당장 며느리를 잡아 끌어내어 불에 태워 죽이라고 했다. 다말은 끌려 나가면서 자기 시아버지에게 이런 전갈을 보냈다.

"나는 이 물건 임자 때문에 임신하게 되었습니다. 이 끈 달린 도장과 지팡이가 누구의 것인지 한번 보십시오."

물건을 전해 받은 유다는 깜짝 놀라고 말았다. 자신의 물건임을 알아채고 다말이 왜 그러한 행동을 하게 되었는지를 알게 되었다.

"그 애가 나보다 옳다. 내가 내 아들 셀라를 주기로 약속하고도 약속을 지키지 않으니 그 애가 이런 일을 한 것이다."

그리고 얼마 후 다말은 쌍둥이를 낳게 되었고 이들을 통해 구세주가 탄생하게 된다. 이후, 유다는 며느리 다말을 아내로 맞이하지 않았을 뿐만 아니라 잠자리도 일체 같이하지 않았다.

다말은 결코 성적으로 문란하여 시아버지와 부적절한 관계를 맺은 것이 아니다. 다말은 자신을 통해 구세주가 태어나기를 간절히 사모하는 마음으로 주위의 시선을 두려워하지 않고 믿음을 가지고 일을 행한 것이었다. 그리고 훗날 다말이 낳은 아들의 후손을 통해서 구세주가 태어나게 된다.

이스라엘 민족은, 그들의 후손을 통해 구세주가 태어나게 되는 통로로 하나님께서 특별히 선택한 민족이다. 하나님께서 우주를 창조하신 가장 중요한 목적이 바로 구세주의 탄생이다. 이방인 다말은 이것을 잘 알고 있었기에 구세주의 조상이 되기 위해 주위의 시선은 아랑곳하지 않고 믿음으로 행한 것이다.

Chapter 17
이집트의 국무총리가 된 요셉

    한편, 형들이 요셉을 미디안 상인들에게 노예로 판 이후, 요셉은 이집트 왕의 신하이며 경호대장인 보디발의 집에서 노예로 살게 되었다. 하지만 하나님이 요셉과 함께하셔서 보디발의 집에서 하는 일마다 모두 성공적으로 이루어 갔다.

    요셉이 하는 일마다 잘되는 것을 지켜본 보디발은 열심히 자신을 섬기는 요셉을 기특하게 여기고 신임하게 되었다. 그래서 요셉을 자기 심복으로 삼고 가정의 모든 일과 자기 소유를 다 요셉에게 맡겼다. 그때부터 하나님이 요셉을 위해 보디발의 집에 복을 내려 보디발의 집안이 잘되고 재산이 날로 늘어나게 되었다. 그러던 어느날 보디발의 아내가 건장하고 잘생긴 요셉에게 눈짓하며 끊임없이 요셉을 유혹했다.

    "요셉, 나와 함께 잠자리에 들자!"

    "주인마님, 주인이 집안의 모든 것을 나에게 맡기고 아무것도 간섭하는 일이 없지만, 단 하나 주인의 부인만은 금하였습니다. 어찌 감히 주인의 아내와 잠자리를 같이할 수 있겠습니까?"

요셉은 단호하게 거절했다. 그런데도 보디발의 아내는 날마다 요셉에게 치근거렸다. 하지만 요셉은 그녀와 잠자리도 같이하지 않았을 뿐만 아니라 함께 있는 것도 피했다.

그러다가 어느 날은 요셉과 보디발의 아내만 집에 남고 아무도 없게 되었다. 그러자 그 여자는 이때가 기회다 싶어 노골적으로 요셉의 옷을 붙잡고 잠자리를 같이하자고 요구했다. 요셉은 자기 옷을 그 여자의 손에 버려둔 채 뿌리치고 밖으로 뛰쳐나갔다. 이 일로 보디발의 아내는 요셉을 증오하게 되었다. 그리고 요셉이 자기를 겁탈하려고 했다면서 요셉의 겉옷을 다른 종들과 남편 보디발에게 보여 주며 요셉에게 누명을 씌웠다. 아내의 말을 들은 보디발은 노발대발하여 요셉을 궁중 죄수들을 가두는 감옥에 가둬 버렸다.

요셉에게는 또다시 시련이 닥쳤지만 요셉은 감옥에서도 하나님을 원망하지 않고 열심히 최선을 다해 살았다. 그러다보니 얼마 후 감옥의 간수장에게 신임을 얻게 되었다. 간수장은 요셉에게 감옥 안의 제반업무를 처리하게 하고 요셉이 하는 일에 일체 간섭하지 않았다.

요셉이 28세 즈음 되었을 때, 이집트 왕의 두 신하가 죄를 지어 요셉이 있는 감옥에 갇히게 되었다. 한 사람은 왕의 술을 따르는 신하였고, 다른 한 사람은 왕의 빵 굽는 신하였다. 어느 날 밤에 두 신하가 모두 꿈을 꾸었는데 그런데 꿈의 내용이 저마다 달랐다. 이튿날 아침 요셉이 그들에게 가 보니 그들은 근심에 쌓여 있었다. 요셉이 시무룩해 있는 두 신하를 보고, "오늘따라 왜 이렇게 얼굴에 근심이 가득해 보입니까?" 하고 물었다.

"우리 두 사람이 지난 밤에 각자 꿈을 꾸었는데 그 꿈이 무슨 꿈인지 풀어 줄 사람이 아무도 없다네."

"꿈의 뜻을 풀어 줄 분은 하나님 이외에는 없습니다. 저에게 그 꿈 이야기를 해주십시오."

요셉은 각자의 꿈을 듣고 그 꿈에 대해 해석해 주었다. 술을 따르는 신하의 꿈을 들은 요셉은 3일 후에 왕이 술 따르는 신하의 직위를 회복시켜 줄 것이라고 꿈을 해석해 주었고, 빵 굽는 신하는 3일 후에 목매달려 죽을 것이라고 꿈을 해석해 주었다. 그리고 요셉은 술 따르는 신하에게, 복직되면 요셉 자신의 억울함에 대해서 잊지 말고 왕에게 꼭 전하여 자신도 감옥에서 풀려나게 해 달라고 부탁했다. 3일 후, 이집트 왕 파라오의 생일이 되자 요셉이 꿈을 해석한 그대로 술을 따르는 일을 맡은 신하는 다시 자신의 직위를 되찾게 되었고, 다른 신하는 목매달려 처형되었다. 그러나 직위를 되찾은 신하는 요셉의 억울함에 대해 잊어버리고 왕에게 그의 소식을 전하지 않았다.

그로부터 2년이 지난 기원전 1,885년 요셉의 나이 30세가 되던 해에 이집트의 파라오 왕이 너무도 생생하고 기이한 꿈을 두 번 연속 꾸게 되었다. 그리곤 지난 밤의 꿈 때문에 번민에 빠지게 되었다. 그래서 왕은 이집트의 모든 마법사와 지혜로운 자들을 불러 모아 그들에게 자신의 꿈을 들려주었다. 그러나 그곳에는 파라오 왕의 꿈을 해석해 줄 사람이 아무도 없었다. 그러자 왕은 더욱 마음이 답답해졌다. 그때, 술 따르던 신하가 이전에 자신이 감옥에 갇혔을 때의 일이 갑자기 떠올라 왕에게 말하였다. 과거에 자신이 경호대장의 집에 있는 감옥에 갇혔을 때 꿈을 해몽해 준 청년이 있었는데, 그 청년이 해석한 대로 꿈이 정확히 이루어졌다고 하였다.

파라오 왕은 급히 그 사람을 데려오라고 했다. 요셉이 왕에게로 왔을 때, 왕은 자신이 꾸었던 꿈에 대해 요셉에게 이야기해 주었다.

"내가 꿈을 꾸었는데, 그 꿈이 어떤 꿈인지를 설명해 줄 사람이 없다. 그런데 너는 꿈 이야기를 들으면 그 꿈을 해몽할 수 있다는 말을 들었다."

"아닙니다. 저는 꿈을 해몽할 능력이 없습니다. 하나님께서 왕을 위해 해몽해 주실 것입니다."

파라오가 요셉에게 꿈의 내용을 말했다.

"꿈에서 나는 나일 강가에 서 있었는데 거기서 살지고 아름다운 소 일곱 마리를 보았다. 그 소들이 강에서 나와 풀을 뜯어먹는데 또 다른 소 일곱 마리가 강에서 나오는 것이 보였다. 그 소들은 야위고 마르고 못생겼었다. 여태껏 내가 이집트의 온 땅에서 보아 온 소 중에서 가장 못생긴 소였다. 이 야위고 못생긴 소들이 먼저 나온 살진 일곱 마리 소를 잡아먹었다. 그런데 이 야윈 소 일곱 마리는 살진 소 일곱 마리를 잡아먹었으면서도 처음과 똑같이 마르고 못생겨 보였다. 그제야 나는 잠이 깼다."

그리고 파라오 왕은 다시 다른 꿈에 대해서 이야기했다.

"나는 또 다른 꿈도 꾸었다. 어떤 한 가지에 잘 자라고 토실토실한 이삭 일곱 개가 나 있는 것을 보았다. 그런 다음에 다른 일곱 이삭이 또 솟아 나왔는데, 그 이삭들은 야위고 말랐다. 그 이삭들은 동쪽에서 불어오는 뜨거운 바람 때문에 바싹 말라 있었다. 그런데 야윈 이삭들이 살진 이삭들을 잡아먹었다. 나는 이 꿈을 마술사들에게 이야기해 주었지만 아무도 그 꿈이 무슨 꿈인지를 설명해 주지 못했다."

왕의 꿈 이야기를 들은 요셉은, 왕이 연속으로 두 번 꾼 꿈은 하나님께서 주신 동일한 의미의 꿈이라고 말했다. 그리고 하나님이 왕으로 하여금 두 번 연속 꿈을 꾸게 하신 것은 반드시, 그리고 속히 이루어질 것임을 강조하기 위함이라고 얘기했다.

구체적으로 이집트 왕이 꾼 꿈은 앞으로 7년 풍년이 올 것이고 그 뒤에
는 극심한 7년 흉년이 오는 것이라고 그 뜻을 해몽해 주었다. 그리고 7년
흉년에 대한 대비책도 알려주었다. 파라오 왕과 신하들은 요셉의 제안을
듣고 그대로 실행에 옮겼다. 파라오 왕은 요셉이 총명하고 지혜로운 사람
임을 깨닫고 그를 이집트 전국을 다스리는 제2인자인 국무총리로 임명하
였다. 앞으로 7년 풍년 동안 잉여 곡식을 저장하는 일과 7년 후 흉년이 될
때 곡식을 관리하는 일을 모두 맡긴 것이었다.

그로부터 7년 동안 이집트에는 정말 풍년이 계속되어 엄청난 양의 농산
물을 수확하게 되었다. 요셉은 7년의 풍년 기간에 먹고 남은 곡식들을 각
성의 창고에 비축했는데 그 양이 바다의 모래알처럼 많아 비축량을 계산
할 수 없을 정도였다. 흉년이 들기 전에 요셉은 결혼하였고, 풍년 7년이
지나자 정말 흉년이 시작되었다. 이때 다른 나라들은 기근이 들어 굶주렸
으나 이집트 전역에는 식량이 풍부했다.

하지만, 얼마 가지 못해서 이집트에도 기근이 시작되었다. 요셉은 이 틈
을 타 그동안 비축해 두었던 식량을 이집트 백성에게 되팔기 시작했다.
다른 나라에서도 요셉에게 곡식을 사려고 이집트로 몰려들었다.

Chapter 18
요셉과 형들의 만남

가나안 땅에 살고 있던 야곱에게도 흉년이 찾아와 곡식이 떨어졌다. 야곱은 이집트에 곡식이 있다는 소문을 듣게 되었고 굶어 죽지 않으려면 이집트로 가서 곡식을 사 오라고 아들들을 다그쳤다.

요셉의 형제들은 과거에 동생 요셉을 이집트에 노예로 팔았기 때문에 이집트에 가는 것이 마음에 내키지 않았다. 하지만 야곱은 더 이상 흉년을 버티기 어려운 상황이 되었음을 판단하고, 막내인 베냐민만 남겨두고 르우벤을 비롯한 10명의 형제를 이집트로 보냈다.

그들은 이집트로 곡식을 사러 가는 사람들의 틈에 끼어 갔는데 가는 도중에 동생 요셉이 살았는지 죽었는지 궁금하기도 하고, 혹시나 만나면 어떻게 하나 하며 이런저런 복잡한 심경에 빠졌다. 이때 국무총리인 요셉은 모든 백성에게 곡식을 팔고 있었다. 요셉의 형들이 요셉 앞에 와서 땅에 엎드려 절하자 요셉은 그들이 자기 형들임을 알았으나 모르는 척하고 큰 소리로 물었다.

"너희들은 어디서 왔느냐?"

"우리는 가나안 땅에서 먹을 것을 사려고 왔습니다."

요셉은 형들을 알아보았지만, 형들은 요셉이 국무총리가 되었으리라는 것은 꿈에도 생각하지 못했기 때문에 요셉을 알아보지 못했다. 요셉은 오래전에 형들이 자기에게 절하던 꿈을 기억하며 하나님께 감사했다. 그리고 요셉은 형들을 시험하기 위해 형들에게 말했다.

"너희들은 정탐꾼이다. 너희들은 이 나라의 약점을 알아내려고 왔다!"

"내 주여, 그렇지 않습니다. 당신의 종인 우리는 먹을 것을 사러 왔을 뿐입니다. 우리는 모두 한 아버지의 아들입니다. 우리는 결코 정탐꾼이 아닙니다. 우리는 정직한 사람입니다."

"아니다! 너희들은 이 나라의 약점을 알아내려고 왔다!"

"아닙니다! 우리는 열두 형제 중 열 명입니다. 우리는 한 아버지의 아들입니다. 우리는 가나안 땅에 살고 있습니다. 우리의 막내동생은 지금 그곳에 우리 아버지와 함께 있습니다. 그리고 우리의 다른 한 동생은 오래전에 없어졌습니다."

"아냐! 내 말이 틀림없어! 너희들은 정탐꾼이야!"

요셉은 형들을 첩자로 몰았다. 그리고 첩자가 아니라는 것을 증명하기 위해 막내를 데려오라고 하면서 형제 중 한 명만 가서 데려오고 나머지는 감옥에 가두겠다고 했다. 그리고는 감옥에 모두 가두었다. 사흘 후, 요셉은 형제 중에서 시므온 한 사람만 감옥에 남기고 나머지는 곡식을 가지고 가족에게로 돌아가서 굶주리는 가족들에게 갖다주고 막내를 데려오라고 했다. 그래서 그들은 요셉의 요구대로 하기로 했다.

형들은 서로 얘기하길, 요셉에게 이전에 행했던 일 때문에 자신들이 지금에서야 벌을 받고 그 대가를 치르는 것이라고 서로 말을 나누었다. 이때 요셉은 형들의 말을 다 듣고 있었다. 통역관을 통해 얘기를 전달했으므로 그들은 요셉이 자신들의 말을 알아듣는 줄은 몰랐다. 요셉은 이야기한 대로 둘째형 시므온을 잡아두고 나머지는 돌려보냈다. 그리고 각 사람의 자루에 곡식을 가득 채우게 하고 각 사람의 돈은 그 자루에 도로 넣게했으며, 길을 가는 도중에 먹을 음식도 따로 챙겨주도록 했다.

형들은 곡식을 나귀에 싣고 떠났는데, 하룻밤 쉬어 가려고 머문 곳에서 한 사람이 나귀에게 먹이를 주려고 자루를 풀어 보니 자루 속에 돈이 들어 있는 것이었다. 형들은 모두 두려워 떨었다. 서로 쳐다보면서 하나님께서 어찌 이런 일이 생기게 하셨는가 하며 한탄하였다. 형들이 집에 돌아와 아버지 야곱에게 이집트에서 있었던 일을 자초지종 말하였다. 야곱은, 요셉도 없어지고 시므온도 없어졌는데 베냐민마저 빼앗아 가려고 한다며 막내아들 베냐민을 데려가지 못하도록 했다.

가나안 땅에는 기근이 더욱 심해졌고 이집트에서 가져온 식량도 어느새 바닥이 났다. 야곱은 하는 수 없이 막내아들과 함께 지난번 돌려받았던 곡식 값과 가장 좋은 토산물 등 선물들을 준비해서 가져가게 했다. 그리고 전능하신 하나님이 자비를 베풀어 주실 것을 기도했다. 형들은 선물과 지난번에 가지고 간 돈의 두 배를 가지고 막내동생 베냐민과 함께 이집트로 식량을 구하기 위해 떠났다.

형들이 다시 요셉을 만났을 때 요셉은 자기 하인에게 그 사람들을 자기 집으로 안내하고 식사를 준비하라고 하였다. 요셉의 형들은 지난번 일로 끌려가는가 하여 두려워하며 자루에 돈이 그대로 들어 있었던 일에 대해 하인에게 변명하였다. 하인은 걱정하지 말라고 하고 그것은 당신들 아버지의 하나님이 돈을 자루에 넣어 두신 것이라고 하며 그들 앞에 갇혀 있던 시므온을 데려왔다. 형들이 식탁에 있을 때, 요셉은 형들의 나이순으로 자리배치를 했다. 요셉의 형들은 놀라 서로 쳐다만 보다 이윽고 요셉과 함께 마음껏 먹고 마시게 되었다.

가나안 땅으로 돌아가기 전날 밤 요셉은 하인을 시켜 각 사람의 자루에 곡식을 가득 채우고 지난번과 같이 각자의 곡식 값도 그대로 넣어 두라고 지시했다. 그리고 막내 베냐민의 자루에는 요셉의 은잔을 넣어서 보내라고 지시했다. 요셉의 형제들은 아침 일찍 곡식의 자루를 챙겨 성을 나갔는데 그들이 얼마 가지 못했을 때 요셉은 하인을 시켜 그들에게 은잔을 훔친 누명을 씌우게 했다.

하인은 급히 형들에게 쫓아가서, "우리 주인이 선을 베풀었는데 당신들은 선을 악으로 갚느냐? 너희는 정말 악한 짓을 했다. 누가 은잔을 훔쳐 갔느냐?"라고 했다.

"왜 그런 말씀을 하십니까? 우리는 그런 일을 할 사람들이 아닙니다. 우리는 우리 자루 속에 있던 돈도 당신에게 다시 돌려주었습니다. 우리는 그 돈을 가나안 땅에서 다시 가지고 왔습니다. 그런 우리가 당신 주인의 집에서 은이나 금을 훔칠 리가 있겠습니까? 만약 그 은잔이 우리들 중 누군가의 자루에서 나온다면, 그 사람을 죽여도 좋습니다. 그리고 우리는 당신의 노예가 되겠습니다."

"당신들 말대로 하겠소. 하지만 은잔을 훔친 사람만 내 종으로 삼을 것이오. 다른 사람들은 그냥 가도 좋소."

그리하여 장남부터 시작하여 막내에게 이르기까지 나이순으로 샅샅이 뒤졌는데 그 잔이 막내 베냐민의 자루에서 발견되었다. 이것을 본 형제들은 옷을 찢고 슬퍼하며 각자 짐을 나귀에 싣고 성으로 되돌아왔다.

요셉이 그들에게 말했다.

"어찌하여 이런 일을 저질렀느냐? 나 같은 사람이면 이런 일쯤은 점을 쳐서 다 알아낼 수 있다는 것을 몰랐느냐?"

요셉의 넷째 형 유다가 말했다.

"총리님께 무슨 말씀을 드릴 수 있겠습니까? 그리고 우리에게 죄가 없다는 것을 어떻게 보여 드릴 수 있겠습니까? 하나님께서 우리의 죄를 드러내셨습니다. 그러니 이 잔을 훔친 베냐민뿐만 아니라 우리 모두가 총리님의 종이 되겠습니다."

그러자 요셉은 말했다.

"그런 일은 내게 있을 수 없다. 오직 은잔이 그 짐 속에서 발견된 사람만이 내 노예가 될 것이다. 나머지 사람들은 자유롭게 너희 아버지에게로 돌아가도 좋다."

유다는, "막내를 데려가지 않으면 아버지는 막내가 없는 것으로 인해 죽게 될 것입니다." 라고 하였다. 그리고 유다는 막내 대신 자신이 종이 될 테니 막내는 아버지께 보내 달라고 간청했다. 이 말을 들은 요셉은 더 이상 정을 억제할 수가 없어 형제들만 남기고 큰소리로 모든 하인을 물러나게 하였다. 그리고 자신이 요셉임을 밝히고 그들 앞에서 크게 통곡했다.

형제들은 그 말을 듣고 너무 놀라 무슨 말을 해야 할지 몰라 요셉만 바라보고 있었다. 요셉은 가까이 와서 자신을 보라고 했다. 그제야 그들은 이집트의 총리가 다름 아닌 요셉인 것을 알게 되었다. 요셉은 형제들에게, 자신은 형들이 이집트에 노예로 판 동생 요셉이며 형님들이 자신을 이집트에 팔았다고 더 이상 근심하거나 한탄하지 말라고 위로해 주었다.

그리고 "하나님께서 우리 가족을 구하시려고 자신을 형님들보다 먼저 이집트에 보냈다"고 말하면서 그들을 안심시켰다. 그리고 "앞으로 5년이나 더 흉년이니 경작을 못 할 것"이라고 말했다. 하나님께서 놀라운 방법으로 형님들을 구원하고 형님들과 형님들의 자손들이 살아남게 하려고 나를 형님들보다 먼저 이집트에 보내신 것이라고 하면서 이곳에 보내신 분은 형님들이 아니라 하나님이시라고 다시 한 번 더 말하면서 형들을 안심시켰다.

그리고 속히 아버지에게로 가서 하나님이 요셉을 이집트의 총리로 삼으셨으니 지체하지 마시고 이집트로 오시라고 전하도록 했다. 요셉은 형들에게, "아버지께서는 아들들과 손자들과 모든 양과 소와 모든 소유를 이끌고 이집트로 와서 사방에 강이 많은 비옥한 땅에서 같이 삽시다." 라는 말을 아버지께 전해 달라고 했다.

그런 다음 동생 베냐민을 끌어안고 울었다. 그리고 형들 한 사람 한 사람과 입맞춤하며 울었다. 그제야 형들은 요셉과 말을 하기 시작했다. 이 일이 이집트의 왕 파라오에게 알려졌고, 파라오 왕은 기뻐서 아주 많은 선물과 수레를 보내어 국무총리 요셉의 아버지 야곱과 가족들을 모두 이집트로 데려오게 했다.

하나님은 요셉을 통해서 야곱의 자손들이 살아남을 수 있는 길을 미리 준비해 놓으신 것이었다. 구세주가 태어날 것을 대비하여 약속의 후손들을 기근의 죽음에서 살리신 것이다.

Chapter 19
이집트에 정착한 이스라엘 민족

　요셉의 형제들은 이집트를 떠나 가나안 땅에 있는 아버지에게 도착했다. 그들은 아버지 야곱에게, "아버지! 아버지! 요셉이 아직 살아 있습니다. 요셉은 이집트의 총리가 되었습니다." 하고 말했다.

　야곱은 너무 놀라 아들들의 말을 믿지 않았다. 요셉이 아버지에게 전하라고 한 말을 다 듣고, 요셉이 자기를 태우려고 보낸 수레를 보고서야 야곱은 그 말을 믿게 되었다.

　"내 아들 요셉이 살아 있다니, 죽기 전에 무조건 가서 아들 요셉을 보아야겠다!"

　야곱은 서둘러 모든 소유를 정리하고 이집트로 향했다. 가나안 땅을 떠나가는 도중에 야곱은 하나님께 감사의 제사를 드렸다. 그날 밤 하나님은 야곱에게 환상 가운데 나타나셨다.

　"야곱아, 야곱아!"

　"예, 제가 여기에 있습니다."

　"나는 하나님, 곧 네 아비의 하나님이니라. 이집트로 가는 것을 두려워하지 마라. 내가 거기에서 너의 자손들을 큰 나라로 만들어 줄 것이다. 나도 너와 함께 이집트로 갈 것이며, 너를 다시 이집트에서 나오게 할 것이다. 네가 숨질 때에는 요셉이 직접 네 눈을 감겨 줄 것이다.”

야곱이 이집트로 이주할 당시 야곱의 가족은 요셉 가족을 포함해서 모두 70명이었다. 하나님은 200여 년 전 아브라함에게 예언하신 것을 이루시기 시작하셨다. 하나님은, 야곱과 그 자손들이 이집트로 이주하고 나서 400여 년 동안 종살이할 것이며, 그 후에 많은 재물을 가지고 가나안 땅으로 다시 돌아오게 될 것이라고 예언하셨다. 그리고 그들이 가나안 땅으로 다시 돌아올 때는 나라와 민족을 이룰 만큼 많은 후손이 생길 것이라고 말씀하셨다.

아브라함에게 하신 약속을 이루시기 위해 하나님은 요셉을 먼저 이집트에 보내서 기반을 마련하게 하신 것이다. 기원전 1,876년, 야곱이 130세이던 때 아들들과 함께 이집트로 이주하였고, 야곱의 아들들은 거기서 수많은 자손을 낳았다. 이들은 훗날 이스라엘 민족을 형성하는 근간이 되었다.

Chapter 20
야곱의 죽음과 유언

야곱은 이집트로 이주한 후, 이집트의 제일 좋은 목초지인 고센이라는 곳에서 17년을 살다가 세상을 떠났다. 야곱은 죽음이 가까워지자 아들들에게 축복하며 각자에게 유언을 남겼다.

야곱은 아들 중에 넷째아들인 유다의 자손에게서 장차 왕이신 구세주가 태어날 것을 예언했다. 그리고 할아버지 아브라함과 할머니 사라, 그리고 아버지 이삭과 어머니 리브가가 묻혀 있는 가나안 땅 막벨라 밭에 있는 굴에 자신을 매장해 달라고 유언을 남겼다. 아들들은 야곱이 147세에 죽자 유언대로 그를 장사했다.

요셉의 형들은, 아버지 야곱이 죽자 과거에 요셉을 노예로 판 일로 요셉이 복수를 하면 어떻게 하나 하고 근심했다. 그래서 요셉에게 전갈을 보내 그들을 용서해 달라고 부탁했다. 요셉은 형들의 전갈을 받고 두려워하지 말라고 하면서 형들과 형들의 자녀를 잘 보살펴 주겠다고 따뜻한 말로 그들을 안심시켰다.

요셉은 이집트의 국무총리로 있으면서, 많은 재산과 권력을 누리며 살

다가 기원전 1,805년, 110세에 세상을 떠났다. 요셉은 형들에게 자신의
시신을 이집트에 두지 말고 이집트를 떠날 때 꼭 가나안 땅으로 데려가
달라고 유언을 남기고 죽었다.

Chapter 21
이집트에서 노예가 된 이스라엘 민족

요셉이 이집트로 가서 총리가 되었던 당시의 이집트 왕조는 이집트 토착민이 아닌 이방 민족이 점령하여 다스리는 왕조였다. 그리고 이집트 왕조는 요셉을 비롯한 이방 민족에 대해서도 관대한 입장이었다. 그래서 요셉의 아버지 야곱과 자손들이 이집트로 쉽게 이주할 수 있었다.

그리고 야곱 가족이 이주한 지 400여 년의 세월이 흘렀다. 이집트로 처음 이주할 때의 야곱 자손의 수는 야곱을 포함해서 70명 정도밖에 되지 않았으나 그들의 후손들은 그사이 많은 자녀를 낳고 크게 번성하여 이집트의 고센 땅을 채울 만큼 많아졌다. 이집트에서는 수차례 왕이 바뀌었고 이제는 요셉을 알지 못하는 새로운 왕이 즉위하여 이집트를 다스리게 되었다. 새 왕은 이스라엘 자손들의 수가 많고 강하여서 이집트에 위협이 된다고 생각했다. 그뿐만 아니라 전쟁이 일어나면 적과 합세하여 자신들을 공격할까 봐 이스라엘 사람들을 노예로 삼아 강제노동을 시키며 이스라엘 자손들을 괴롭혔다.

그러나 이스라엘 자손들은 학대를 받으면 받을수록 더 많이 번성하여 그 수가 늘어났다. 이집트 사람들은 점점 더 이스라엘 사람들을 두려워하여 더욱 혹독한 일로 그들의 생활을 고달프게 만들었다. 진흙을 이겨 벽돌을 굽게 하고 여러 가지 고된 농사일로 그들을 잔인하게 혹사시켰다. 무엇보다도 이집트 왕 파라오는 히브리 산파들로 하여금 남자아이가 태어나면 모두 죽이고 여자아이만 살려 두라고 명령하였다. 산파들은 하나님을 두려워하여 차마 사내아이를 죽일 수 없어 살려 두었다. 이집트 왕의 이스라엘 민족 억압 정책에도 이스라엘 사람들은 계속하여 번성해져서 점점 더 강력한 민족이 되어 갔다.

파라오 왕의 명령에도 불구하고 산파들이 갓 태어난 사내아이들을 죽이지 않자 파라오 왕은 이스라엘 남자아이들을 모조리 강에 던지고 여자아이들만 살려 두라고 명령하기에 이르렀다. 보이지 않는 사탄이 파라오 왕의 배후에서 왕의 마음을 움직여 이스라엘 사람으로 태어나는 사내아이를 죽이게 한 것은 창세부터 약속하신 구세주의 탄생을 막기 위한 의도였다. 사탄은 구세주의 탄생을 수단과 방법을 가리지 않고 막아야 했기에 파라오 왕을 통해 이스라엘 민족의 씨를 말리기 위해 발악했다. 그러나 하나님은 사탄의 방해에도 불구하고 우주 창조 이전부터 계획하셨던 일을 차곡차곡 진행해 가셨다.

Chapter 22
이스라엘의 지도자 모세

이집트 왕의 이스라엘 민족 말살 정책에도 불구하고 야곱의 열두 아들의 자손들은 여전히 번창해 갔다. 그러던 중 열두 지파 중 레위지파의 한 남자가 같은 지파의 한 여자와 결혼하여 아들을 낳았다. 아기의 부모는 이집트 왕의 갓 태어난 사내아이를 물에 던져 죽이라는 명령에도 두려워하지 않고 하나님께서 도와 주실 것을 믿고 아기를 석 달 동안 숨기며 키웠다. 아기의 울음소리가 점차 커지자 더는 숨길 수 없음을 깨닫자 그들은 갈대 상자를 구해 물이 새지 않도록 역청과 나뭇진을 칠하여 물에 뜨게 만든 다음 아기를 상자에 담아 나일강변의 갈대 사이에 두었다. 그리고 아기의 누이는 아기가 어떻게 되는지 보려고 멀리 서서 지켜보고 있었다.

그때였다. 마침 파라오의 딸 공주가 목욕하러 강으로 내려왔다가 갈대 사이에 있는 상자를 발견하고 시녀를 시켜 그것을 가져왔는데, 그 속에는 갓난아기가 있었다. 아기가 우는 것을 본 공주는 측은한 생각이 들었다. 그때 아기의 누이가 공주에게 다가가서, "공주님을 위해 이 아기에게 젖을 먹일 히브리 여자를 구해 올까요?" 하고 물었다.

"그래, 그렇게 하여라."

누이는 그 아기의 어머니를 공주에게 유모라고 소개했다. 공주는 유모에게 말했다.

"이 아기를 데려가서 나를 위해 젖을 먹여 주면, 내가 그 삯을 주겠다."

그래서 아기의 엄마는 아기가 장성할 때까지 젖을 먹이며 아기를 키울 수 있었다. 그리고 제법 자랐을 때 아이를 공주에게 데려가자 공주는 '물에서 건져내었다.'라는 뜻을 가진 '모세'라고 아이의 이름을 짓고 자기의 양자로 삼았다. 이리하여 모세는 왕궁에서 공주의 아들인 이집트의 왕자로 자라게 되었다.

한편, 모세의 어머니는 모세를 키울 때 모세가 이집트 사람이 아닌 이스라엘 사람인 것과 그들의 신인 하나님에 대해 철저하게 가르쳤다. 그뿐만 아니라 동족들이 이집트에서 어떻게 살아가는지 몸소 보고 느끼도록 교육시켰다. 모세는 이집트 왕궁으로 들어가서는 다른 왕자들과 함께 본격적인 왕자로서의 수업을 받았다. 이집트의 다양한 학문뿐만 아니라 무술을 익히며 자신의 몸을 단련해 나갔고 실제 전쟁에서도 공을 세울 만큼 싸움도 잘 하였다.

어느 날 모세가 자기 백성이 있는 곳으로 가서 그들이 고된 노동을 하는 것을 지켜보던 중, 한 이집트 사람이 자기 민족인 이스라엘 사람을 때리는 것을 목격하게 되었다. 모세는 그 광경을 보고 순간 분을 참을 수가 없었다. 주위에 다른 사람이 없음을 확인한 모세는 이집트 사람을 쳐 죽이고 시체를 모래 속에 감추어 버렸다.

다음날 모세가 다시 나가보니 이번에는 이스라엘 사람끼리 서로 싸우고 있었다. 그래서 모세는 잘못한 사람에게, "어째서 당신은 동족을 치시오?" 하고 물었다.

"누가 당신을 우리의 지도자와 재판관으로 세웠소? 당신이 이집트 사람을 죽인 것처럼 나도 죽일 셈이오?"

그 말을 듣고 모세는 깜짝 놀라며 두려움에 떨었다. 자신이 이스라엘 노예를 도와 이집트 사람을 죽인 사실이 탄로났구나 하고 생각했다. 모세는 이집트의 왕자로서 이집트 백성이 아닌 이스라엘 백성의 편에서 이집트 백성을 죽인 사실이 왕의 귀에 들어가면 자신의 목숨이 온전치 못할 것을 생각하고 미디안 땅으로 도망갔다. 아니나 다를까. 이집트 왕은 왕자가 자기 백성을 죽였다는 사실을 듣고 매우 화가 나서 모세를 잡아오라고 시켰지만 이미 도망간 후였다.

모세가 미디안 땅으로 도망갈 때, 그의 나이는 40세였다. 모세는 도망하여 미디안의 한 우물가에 앉아 있었다. 미디안 제사장의 일곱 딸이 양떼에게 물을 먹이려고 우물에 왔으나 몇몇 목자들이 힘이 없는 제사장 딸들을 쫓아버렸다. 모세는 잘 훈련된 사람이었기에 목자들을 혼내고 미디안 제사장의 딸들이 양떼에게 물을 먹이는 일을 도와주었다. 이 일을 계기로 모세는 제사장 딸인 십보라와 결혼하여 양치기로서의 삶을 시작하게 되었다.

Chapter 23
모세를 부르신 하나님

모세가 이집트에서 도망할 당시 이집트 왕은 죽었으나 40년이 지난 후에도 이스라엘 사람들은 여전히 고역으로 신음하며 부르짖어야 했다. 하나님은 그들이 신음하는 소리를 들으시고 그들의 조상인 아브라함과 이삭과 야곱에게 하신 약속을 기억하셔서 이스라엘 자손들을 돌아보시고 그들에게 관심을 가지셨다.

모세가 80세 된 어느 날, 그는 양떼를 먹이다가 하나님의 산인 호렙 산에 이르렀다. 그리고 하나님의 천사가 떨기나무 불꽃 가운데서 모세에게 나타났다. 신기하게도 떨기나무에 불이 붙었으나 그 떨기나무가 타서 없어지지 않았다. 그래서 모세는 이상하게 생각하고 떨기나무 가까이로 갔다. 그러자 하나님께서 모세가 가까이 오는 것을 보시고 떨기나무 가운데서, "모세야! 모세야!" 하고 그를 부르셨다.

"제가 여기 있습니다."

"더 가까이 오지 마라. 네가 선 곳은 거룩한 땅이다. 거기서 네 신을 벗어라!"

모세는 그 자리에 멈춰 섰다.

"나는 네 조상의 하나님이다. 나는 아브라함의 하나님, 이삭의 하나님, 야곱의 하나님이다."

모세는 그 말을 듣고 깜짝 놀라고 두려워서 얼굴을 가렸다. 그때 하나님은 모세에게 앞으로 할 일을 일러 주셨다. 그것은 이집트에서 노예생활을 하는 하나님의 백성 이스라엘 자손들을 이집트에서 해방시키는 지도자가 되어야 한다는 것이었다. 모세는 당연히 자신은 자격도 되지 않을뿐더러 그럴만한 능력도 없다고 거절했다.

하지만, 하나님은 모세와 함께하실 것이며 모세가 하지 못할 일은 없다고 말씀하셨다. 이에 모세가 하나님께 말했다.

"하나님! 만일, 사람들이 하나님의 이름이 무엇이냐고 물으면 무엇이라고 대답하면 됩니까?"

"나는 스스로 존재하는 자이다."

하나님은 모세에게 "스스로 있는 분이 나를 너희에게 보냈다."라고 이스라엘 백성에게 말하라고 하셨다.

우주의 모든 만물 뒤에는 반드시 그것을 만든 존재가 있다. 하지만, 하나님을 만든 존재는 그 어디에도 없다. 하나님은 스스로 존재하는 분이시다. 그러므로 우리는 하나님을 유일하신 참 신으로 믿는다.

Chapter 24
모세에게 보이신 하나님의 기적

모세는 40년 전처럼 아직도 이집트 왕궁에서 지도자로서의 역할을 하고 있다면, 하나님이 하신 말씀대로 이스라엘 자손들을 인도할 지도자가 될 자격이 어느 정도 될 것으로 생각했겠지만, 현재 자신의 상황을 보니 아무리 해도 이스라엘 자손들을 이집트에서 해방할 자신이 없었다. 그뿐 아니라 능력도 되지 않는다고 생각했고 이스라엘 자손들에게 가서 하나님에 대해서 얘기하고 설득할 용기도 없었다. 그래서 모세는 하나님의 명령을 따를 수 없다고 거절했다.

"만약 이스라엘 백성이 내 말을 믿지 않거나 따르지 않으면 어떻게 합니까?"

"네 손에 있는 것이 무엇이냐?"

"제 지팡이입니다."

"그것을 땅에 던져라."

모세가 하나님 말씀대로 지팡이를 땅에 던졌더니 지팡이가 곧 뱀으로 변했다. 하나님께서는 모세에게 다시 말씀하셨다.

"모세야, 손을 펴서 뱀의 꼬리를 붙잡아라."

모세가 조심스럽게 뱀의 꼬리를 붙잡자 뱀이 다시 지팡이로 되돌아왔다. 그때 하나님은 모세에게 말씀하셨다.

"이런 일이 일어나면, 이스라엘 백성들은 그들의 조상의 하나님 곧 아브라함의 하나님, 이삭의 하나님, 야곱의 하나님이신 여호와께서 너에게 나타났다는 것을 믿을 것이다."

그리고 하나님은 한 번 더 기적을 보여 주셨다. 모세에게 손을 품에 넣었다가 빼 보라고 하셨다. 모세가 손을 품에 넣었다가 빼 보니 손이 문둥병에 걸려 눈처럼 희어져 있었다. 하나님은 다시 모세에게 문둥병이 된 손을 품에 넣었다가 빼라고 하셨다. 모세가 그리하자 이번에는 손이 정상으로 돌아왔다. 그리고 하나님께서는 모세에게 이 두 가지 기적을 이스라엘 자손들에게 보여 주라고 하셨다. 그래도 이집트인들이 모세가 하나님이 보낸 사람이라는 것을 믿지 않거든 나일강에서 물을 퍼서 땅에 부으면 곧 피가 될 것이라고 말씀하셨다.

하나님께서 기적을 통해 모세에게 용기를 북돋아 주시는데도 불구하고 이번에는 모세가 다른 핑계를 대면서 하나님께 말했다.

"하지만 하나님, 저는 말을 잘 할 줄 모릅니다. 전에도 그랬지만, 하나님께서 저에게 말씀하시는 지금도 저는 말을 잘 할 줄 모릅니다. 저는 말을 느리게 할 뿐만 아니라 훌륭하게 말하는 법도 모릅니다."

"누가 사람의 입을 만들었느냐? 누가 말 못하는 자를 만들고, 듣지 못하는 자를 만드느냐? 누가 앞을 보는 자나 앞을 보지 못하는 자를 만드느냐? 나 여호와가 아니냐? 그러니 가거라! 내가 네 입과 함께하겠다. 네가 할 말을 내가 가르쳐 줄 것이다."

그러나 모세는 변명하기에 급급했다.

"주여, 제발 보낼 만한 능력 있는 사람을 보내십시오."

그러자 하나님은 이제 화를 내시며 모세에게 말씀하셨다. "말 잘하는 사람을 예비해 두었으니 당신의 말을 따르라."고 말이다. 예비한 사람은 바로 모세의 형인 아론이었다. 그리고 모세에게 아론이 대변자가 되고 아론에게는 모세가 하나님처럼 될 것이라고 얘기해 주셨다. 그리고 모세에게, "네 지팡이를 가지고 가거라. 그것을 가지고 기적을 보여라."고 명하셨다.

모세는 드디어 미디안 땅에서 아내와 아들들을 데리고 하나님의 지팡이를 손에 들고 이집트를 향해 떠났다.

한편, 하나님은 아론에게 광야로 가서 동생 모세를 맞이하라고 말씀하셨다. 아론은 친동생 모세를 만나 기뻐하며 입을 맞추고 40년 만의 재회를 기뻐했다. 모세와 아론은 이집트로 가서 이스라엘 자손들의 장로들을 다 모았다. 아론은 하나님께서 모세에게 말씀하신 모든 것을 그들에게 말하고 모세는 이스라엘 백성들 앞에서 기적을 행했다.

그러자 백성들은 모세와 아론의 말을 믿었으며 하나님께서 자신들을 돌아보시고 자신들이 당하는 고통을 보셨다는 말을 듣고 머리 숙여 하나님께 경배하였다. 하나님은 당신의 약속을 지키시기 위해 모세라는 사람을 선택하시고 그에게 능력을 부어 주셨다. 모세는 광야에서 40년 동안 양치기 생활을 하는 동안 그동안의 젊은 혈기가 모두 죽어 있었다. 그리고 온화한 성품의 소유자로 변해 있었다. 모세가 자신이 보잘것없는 존재라고 생각할 때 하나님은 비로소 그를 세워서 당신의 위대한 일을 시작하셨다.

Chapter 25
이집트의 재앙

모세와 아론은 이집트의 왕 파라오에게 찾아가서, 하나님께서 광야에서 절기를 지키라고 하셨기 때문에 하나님의 백성 이스라엘 사람들을 이끌고 이집트를 떠나겠다고 말했다. 이에 파라오는 말했다.

"하나님이 누구냐? 하나님이 누군데 내가 그의 말을 들어야 되느냐?"

파라오는 절대로 이스라엘 백성을 보낼 수 없다고 했다. 그러면서 이스라엘 백성들을 이전보다 더 괴롭혔다. 이스라엘 백성들은 자신들이 이전보다 더 노역이 심해지자 모세와 아론을 원망하기 시작했다. 그러자 모세는 하나님이 시키신 대로 지팡이를 이용해서 이집트에 재앙을 내리기 시작했다. 아론이 지팡이로 강물을 치자 나일강의 강물이 붉은 피로 변하면서 물고기는 죽고 악취가 나서 더 이상 물을 먹을 수 없게 되었다.

이 첫 번째 재앙의 기적을 시작으로 모세는 아홉 번이나 재앙의 기적을 일으켰다. 재앙이 일어나기 전에 어떤 재앙을 내릴 것인지 파라오 왕에게 미리 경고했다. 그러나 아홉 번의 재앙을 눈으로 목격하고도 파라오는 모세의 요구를 들어주지 않았다. 아홉 번의 재앙을 통해, 이집트의 대부분이 파괴되었다. 강이 피로 변했고, 개구리 떼가 나일강에서 나와 사람들을 괴롭혔다. 땅의 티끌이 이로 변하여 이가 득실거려 사람들을 괴롭혔고, 온 세상이 파리 떼로 뒤덮였다. 전염병이 돌아 모든 가축과 짐승들과 사람들이 괴롭힘을 당하였고, 모세가 가마에서 재를 가져다가 공중에 뿌리니 그 재가 먼지처럼 온 땅에 퍼져 악성 종기가 사람들 몸에 생기게 되었다. 그리고 하늘에서 우박이 떨어져 땅이 모조리 엉망으로 변했고, 그나마 땅에 남은 식물은 메뚜기 떼가 먹어치웠다. 흑암이 온 땅에 짙게 깔려 앞을 보지 못하게 되기도 했다.

이처럼 예고된 재앙이 차례대로 눈앞에서 일어났지만, 파라오는 이스라엘 사람들을 이집트에서 보내주겠다고 약속하고도 번번이 이를 어겼다. 하나님은 이제 더 이상 이집트 왕 파라오가 당신의 말을 듣지 않는 것을 용서할 수 없었다. 결국 하나님은 마지막 열 번째 재앙을 통해 이스라엘 자손들을 이집트에서 해방시키기로 결심하시고 모세에게 엄청난 재앙을 예고했다. 모세는 파라오에게 찾아가서 하나님께서 말씀하신 마지막 열 번째 재앙의 경고를 전했다.

"왕이여! 하나님께서 오늘 밤 자정쯤에 이집트에서 처음 태어난 것을 모조리 죽일 것입니다! 왕의 장자에서부터 신하의 장자와 여종의 장자에 이르기까지 모조리 죽일 것입니다!"

이집트에게 이것은 실로 엄청난 경고였다. 그러나 이스라엘 사람과 이스라엘 사람의 소유는 개 한 마리도 죽지 않을 것이라고 모세는 파라오에게 말했다. 이 재앙을 통해서 하나님이 이집트와 이스라엘 사람을 구별하는 것을 보게 될 것이라고 했다. 실로 이 열 번째 재앙은 지금까지의 재앙과는 비교도 되지 않는 엄청난 사건이 되었다.

모세는 이스라엘 백성들이 마지막 열 번째 재앙을 당하지 않게 하기 위해 이스라엘 백성에게 1년 된 수컷 양이나 염소를 준비하라고 했다. 그리고 그 달의 14일이 되면 양과 염소를 잡아, 그 피를 문의 상인방과 좌우 문설주에 바르고 죽인 짐승은 구워서 먹고 아침까지 남은 것은 불에 태워 버리라고 명령했다. 지금까지 모세를 통해 아홉 번이나 하나님께서 일으키신 재앙을 본 이스라엘 백성들은 모세의 말을 믿고 모세가 시키는 그대로 행했다.

드디어 밤이 되었다. 하나님께서 이집트에 사는 장자를 죽이려고 천사들을 보내셨다. 천사들은 두루 돌아다니면서 집집마다 확인을 했다. 그리고 문의 상인방과 좌우 문설주에 피가 묻어 있으면 그 문은 넘어가서 다음 집으로 향했다. 피가 없는 집이 발견되면 그 집에 들어가서 그 집의 장남을 모조리 죽였다. 이날 하나님은 이집트에 사는 모든 장남과 짐승의 처음 난 것을 모조리 죽이셨다. 당연히 파라오의 장남뿐만 아니라 온 신하부터 이집트의 여종에 이르기까지 그들 소유의 모든 장자가 죽임을 당했다.

재앙이 내린 후 이집트의 거리는 온통 대성통곡하는 소리로 넘쳐났다. 초상 당하지 않은 가정이 하나도 없었다. 하지만, 문설주와 인방에 피를 바른 집의 장자는 모두 살았다. 이 일로 인하여 파라오 왕은 그날 밤에 모세와 아론을 불러 이스라엘 사람들을 이 땅에서 빨리 데리고 떠나라고 재촉했다. 그뿐만 아니라 이집트 사람들도 이스라엘 사람들에게 빨리 이집트를 떠나라고 간청했다. 그래서 이스라엘 백성은 드디어 모세의 지시를 따라 이집트를 탈출하게 되었다. 이스라엘 자손들이 이집트를 떠날 때에 그들은 이집트 사람들에게 패물, 금과 은 등을 달라고 요구했고, 하나님께서 이집트 사람들의 마음을 움직여서 이스라엘 백성들이 요구하는 모든 것을 주게 하셨다.

모세는 이스라엘 백성들을 이끌고 이집트의 라암셋을 떠나 숙곳이라는 곳으로 향해 떠났다. 이스라엘 자손들은 여자들과 아이들을 제외하고 성인 남자들만 약 60만 명 정도 되었으며 그밖에도 여러 혼합 민족들이 그들을 따라 나왔고 양과 소와 수많은 가축이 그들과 함께 나왔다. 이때까지 이스라엘 백성이 이집트에서 보낸 시간은 430년이었다. 이날 유월절을 이스라엘 자손들이 이집트의 노예생활에서 해방된 날이라고 기념하여 이스라엘 명절 중에 가장 중요한 날로 지키게 되었다. 지금의 이스라엘이 다시 나라를 일으키고 난 지금에도 이 유월절을 가장 중요한 명절로 지키고 있다. 유월절은 우리나라의 광복절과도 같은 명절이다.

하나님은 조상 아브라함에게 예언하신 일을 결국 이루셨다. 그리고 아브라함과 약속하신, 수많은 후손과 구세주에 대한 약속을 지키시기 위해 하나님의 일을 시작하셨다.

Chapter 26
홍해바다에서의 구원

하나님은 이스라엘 백성을 가나안 땅으로 인도하시기 위해 가장 빠른 길을 택하지 않으셨다. 그 이유는 이웃나라 블레셋 땅을 지나야 하였는데, 이스라엘 백성이 전쟁을 하게 되면 다시 이집트로 돌아갈까 봐 힘든 광야 길로 인도하신 것이었다.

기원전 1,446년경, 이집트를 탈출할 때 이스라엘 백성은 군대가 이동할 때처럼 대열을 갖추어 질서 있게 이동하였다. 그 길을 인도하신 분은 하나님이셨다. 하나님께서 낮에는 구름기둥을 만드셔서 길을 인도하셨고, 밤에는 불기둥으로 인도하셨다. 이로 인해 멀리 있는 백성도 구름기둥과 불기둥을 보고 따라갈 수 있었을 뿐만 아니라 낮에는 광야의 뜨거운 햇볕을 구름으로 피할 수 있었고, 밤에는 광야의 추위로부터 피할 수 있었다.

한편, 이집트 왕 파라오와 신하들은 마음이 이스라엘 백성들을 이집트에서 내보낸 뒤 다시금 마음이 변했다. 이집트를 엉망으로 만든 이스라엘 사람들을 그냥 내버려두지 않겠다고 생각하고 이스라엘 백성을 다시 추격하기 시작했다. 파라오는 이집트 장교들이 이끄는 제일 우수한 전차

600대를 비롯해 모든 전차를 동원해서 이스라엘 백성을 추격하게 했다. 파라오와 이집트군대가 오는 것을 본 이스라엘 백성은 다시금 커다란 두려움에 사로잡혔다. 이스라엘 백성은 군인도 없고 무기도 없었기에 오직 하나님께 살려달라고 부르짖다가 결국 모세를 원망하기 시작했다.

"이집트에 매장지가 없어서 당신이 우리를 이 광야로 끌어내어 죽이려 합니까? 무엇 때문에 당신이 우리를 이집트에서 끌어내어 이 꼴을 당하게 합니까? 우리가 이집트에서 당신에게 이집트 사람을 섬길 수 있도록 내버려 달라고 하지 않았습니까? 이집트 사람을 섬기는 것이 광야에서 죽는 것보다는 낫겠습니다."

"두려워하지 말라. 너희들은 하나님이 어떻게 하시는지 보게 될 것이다."

모세는 하나님의 기적을 보게 될 것이라고 백성들을 안심시켰다.

이집트군대가 가까이 오자 하나님의 구름기둥이 이스라엘 백성들 앞에서 이스라엘 백성을 인도하다가 뒤쪽으로 옮겨가서 이집트군과 이스라엘 백성 사이에 머물렀다. 순식간에 이집트군대가 있는 쪽은 캄캄한 흑암이 되었고, 이스라엘 백성이 있는 쪽에는 빛이 있어 밝게 되었다. 이집트군은 캄캄하여 앞을 볼 수가 없어 전진하지도 못하고 후퇴하지도 못했다.

모세는 하나님의 명령을 따라 자기의 지팡이를 홍해 바다를 향해 들었다. 그러자 하나님께서 밤새도록 강한 동풍을 불게 하셔서 바다가 좌우로 갈라져 땅이 드러나고 젖은 땅이 마르기 시작했다. 이스라엘 백성들은 좌우 물벽 사이로 마른 땅을 밟고 바다를 건너갔다. 이집트군과 이스라엘 백성 사이에 있던 구름기둥이 다시 움직이자 이집트군의 시야가 걷혔고, 이집트군은 말과 전차를 몰고 마병들과 함께 이스라엘 백성을 추격하여 바다 한가운데로 들어왔다.

반대편으로 건너간 모세는 이제 다시 손을 바다로 향해 내밀었다. 그때, 갑자기 물이 다시 합쳐져서 흐르기 시작했고, 이스라엘 백성들을 쫓아온 이집트군은 한 사람도 살아남지 못하고 물에 수장당했다. 이 광경을 지켜본 이스라엘 백성들은 하나님을 두려워하면서 하나님과 모세를 더욱 믿었다. 하나님은 이스라엘의 조상들에게 한 약속을 지키기 위해 이스라엘 백성들을 물 가운데서 구원해 주셨다.

Chapter 27
이스라엘 백성의 광야 생활

홍해를 지난 모세 일행은 광야로 3일을 더 갔을 때 드디어 마실 물을 발견하게 되었다. 하지만, 물이 써서 먹을 수가 없었다. 그러자 사람들은 모세에게 다시금 불평하기 시작했다. 그때 하나님은 모세에게 나무토막 하나를 물에 던지라고 명하셨고, 모세가 하나님의 지시대로 나무토막을 물에 던졌더니 금세 쓴물이 단물로 바뀌어 사람들이 먹을 수 있게 되었다.

이집트를 탈출한 달을 한 해의 첫 달로 지내라고 하나님께서 말씀하셨는데 그때가 이스라엘 달력으로 1월 14일이었다. 이스라엘 백성들은 한 달이나 광야를 지나온 상태였다. 그러다 보니 어느새 이집트에서 가지고 나온 식량이 바닥이 나고 말았다. 백성들은 또다시 모세와 아론에게 자신들이 이집트에서 차라리 하나님의 손에 죽었더라면 좋을 뻔했다며 원망하기 시작했다. 이집트에서 고기와 빵을 배불리 먹을 수 있었는데 모세가 광야로 끌어내어 모조리 굶어 죽게 되었다며 원망한 것이다.

모세는 이 많은 백성을 다 먹여 살리려면 보통 일이 아니라고 생각했다. 하지만, 하나님을 믿었기에 그는 기도했다. 그리고 하나님은 이스라엘 백성들에게 또다시 엄청난 기적을 보여 주셨다. 그것은 만나와 메추라기의 기적이었다. 저녁이 되면 메추라기가 날아와 야영지를 뒤덮었고 아침에는 야영지 주변에 이슬이 내려 그것이 말랐을 때 작고 둥글며 흰 서리 같은 것이 만들어졌다. 사람들은 이것을 '만나'라고 불렀다. 하나님께서는 이후 40년 동안 이스라엘 백성들이 광야에서 생활하면서 먹을 수 있도록 만나를 계속적으로 공급하셨다.

만나는 6일 동안 내렸고 안식일인 7일째는 내리지 않았다. 신기하게도 많이 먹기 위해서 만나를 많이 거둬들인 사람은 다음날 먹으려고 하면 만나가 썩어서 먹지 못하게 되었다. 하지만, 6일째는 평소보다 두 배로 거두어 들일 수 있었고 7일째가 되어도 만나가 썩지 않았다. 이렇듯 이스라엘 백성들은 낮에는 구름기둥으로 인도하시는 하나님, 밤에는 불기둥으로 인도하시는 하나님, 아침이 되면 먹을 식량이 땅에 가득하게 하신 하나님을 매일 만나면서 살아가고 있었다.

하지만, 백성들은 잠깐 감사했을 뿐 곧 하나님의 능력을 잊어버리고 불평하기 시작했다. 백성들은 자신들이 조금이라도 힘들면 모세와 하나님께 불평을 쏟아냈다. 광야 40년 동안 하나님은 그때마다 먹을 것과 마실 것을 주셨지만, 백성들은 주실 때만 감사하고 다시 불평하는 악순환을 반복했다. 이스라엘 백성들은 광야에서 스스로 살아갈 수 없음을 깨닫고 온전히 하나님만 믿고 의지해야 했다. 그러나 백성들은 광야에서 스스로를 구원할 수 있다는 착각에 빠져서 살았다. 그러므로 하나님을 온전히 신뢰하지 않는 그들의 삶은 힘들고 늘 불평에 가득 차 있었다.

Chapter 28
십계명을 주신 하나님

이스라엘 백성이 온전하게 하나님께 순종하면 하나님은 복을 주시겠다고 약속했다. 그러나 이스라엘 백성은 조금만 힘들고 고통스러우면 하나님을 믿지 않았을 뿐 아니라 하나님의 말씀에도 순종하지 않았다.

그들은 평소 자신들이 하나님께 순종하고 있다고 생각했다. 홍해에서 이집트군대가 쫓아왔을 때 그들이 얼마나 하나님을 의심했는지 잊고 있었다. 물이 없을 때, 먹을 것이 없을 때 그들이 얼마나 많이 하나님께 불평했는지 잊어버리고 있었다. 그들은 자신들이 하나님께 순종할 능력이 있다고 생각하며 하나님이 도와주지 않으면 자신들이 광야에서 40년이라는 세월 동안 결코 살아갈 수 없다는 사실을 잊고 있었다.

하나님은 이스라엘 백성이 온전하게 순종하길 원하는 율법을 주시기로 계획하시고 모세를 시내산으로 부르셨다. 모세는 시내산에서 40일 동안 아무것도 먹지도 마시지도 않았다. 그리고 하나님은 모세를 통해 이스라엘 백성이 지켜야 할 열 가지를 명령하셨다. 이 열 가지의 명령을 바로 '십계명'이라고 한다. 하나님은 십계명 중에서 하나라도 지키지 않는 것은 죄라고 말씀하셨고 죄에 대한 형벌을 반드시 받게 된다고 강조하셨다.

사람들은 자신들이 십계명을 충분히 지킬 것이라고 자만했지만, 하나님은 사람들이 십계명을 다 지키지 못한다는 것을 잘 알고 계셨다. 하나님이 십계명을 주신 이유는, 자신들의 노력으로는 하나님의 율법을 온전하게 지키지 못한다는 것을 깨닫게 하기 위해서였지만 사람들은 어리석게도 자신들이 십계명을 잘 지킬 수 있다고 착각했다.

하나님은 돌판 두 개에 나눠서 십계명을 새겨 모세에게 주셨다. 모세가 십계명이 새겨진 두 돌판을 들고 시내산에서 내려올 때 모세의 얼굴에서 광채가 나서 사람들이 모세 가까이 가는 것을 두려워했다. 모세는 사람들 앞에서 반드시 십계명을 지킬 것을 강조했다. 십계명의 첫째 계명은, 하나님을 제외한 다른 신을 섬기지 말라는 것이고, 둘째 계명은 세상의 어떠한 형상도 만들지 말고 섬기지도 말라는 것이며, 셋째 계명은 하나님의 이름을 망령되게 부르지 말라는 것이었다.

넷째 계명은 안식일을 기억하여 거룩하게 지키라는 것이고, 다섯째 계명은 자신의 부모를 공경하라는 것, 여섯째 계명은 살인하지 말라는 것이고 일곱째 계명은 간음하지 말라는 것, 여덟 번째 계명은 도둑질하지 말라는 것, 아홉 번째 계명은 이웃에 대해서 거짓 증거하지 말라는 것이고, 마지막 열 번째 계명은 이웃의 아내나 소유물을 탐내지 말라는 것이었다.

만일 십계명 중에서 아홉 가지를 잘 지키고 하나를 지키지 못했다 하더라도, 그는 죄인이 되어 죄의 대가를 치러야 한다. 이 죄의 대가는 죽음밖에 없다고 하나님은 말씀하셨다. 그것은 하나님과 영원히 분리된 채 사탄과 그 부하들을 위해 준비된 영원한 형벌의 장소에서 지내는 것이다.

Chapter 29

하나님이 계신 성막

이집트에서 이스라엘 백성을 해방시킨 하나님은 이스라엘 백성의 왕이
셨다. 하지만 사람들은 하나님에 대해서 잘 알지 못했다. 전지전능하신
하나님의 기적을 목격하면서도 하나님을 신실하게 믿고 의지하는 사람은
그렇게 많지 않았다. 아담의 불순종으로 하나님과 사람과의 관계는 완전
히 단절된 후부터 사람은 감히 하나님을 만날 수 없었는데 하나님은 인간
을 만나 주시기 위해 아주 특별한 장소를 준비하셨다. 그곳은 바로 '성막'
이었다. 성막은 하나님이 피조물인 이 세상에 나타나는 특정한 장소였다.
성막에는 성소와 지성소라는 두 개의 방이 있었다. 두 방 사이에는 두꺼
운 천으로 만든 휘장이 있어 두 방의 경계를 나누고 있었다. 성소에는 제
사장들이 언제든지 들어갈 수 있었지만 휘장 너머 지성소에는 제사장도
함부로 들어갈 수 없었다. 1년에 단 한 번 속죄일에 대제사장만이 지성소
에 들어가서 백성들을 대신하여 1년 동안 지은 모든 죄를 하나님께 용서
받을 수 있었다. 속죄일[3]은 사람이 지은 죄를 대신하여 짐승을 죽여 죄를

---

3) 사람이 지은 죄를 대신하여 짐승을 죽여 죄를 용서받는 날.
   훗날, 구세주가 사람의 죄를 대신하여 죽는다.

용서받는 날이다. 훗날, 구세주가 사람의 죄를 대신하여 죽으시는 속죄제물이되신다.

지성소에는 법궤[4]가 있었다. 법궤는 언약궤라고도 한다. 법궤를 덮고 있는 덮개를 속죄소라고 했는데 하나님의 영광이 머무르는 곳이었다. 대제사장은 짐승의 피를 그릇에 받아와 속죄소에 뿌렸다. 대제사장 외에는 지성소 안으로 들어갈 수 없는데 감히 하나님의 말씀을 어기고 일반 사람이 들어가면 하나님은 그 사람을 죽이셨다. 대제사장도 1년에 속죄일 단 하루만 지성소에 들어가지만, 그때도 짐승의 피를 들고 가지 않으면 죽게 되었다. 그뿐만 아니라 대제사장이 백성을 대신하여 드리는 제사를 하나님이 받아 주시지 않으면 대제사장도 죽어야 했다. 사람들은 자신의 죄를 용서받기 위해 스스로 하나님께 나아갈 수 없었던 것이다. 단지 짐승을 잡아 제사장이 대신 사람들의 죄를 위해 하나님께 나아갈 수 있었다.

3천 5백 년 전, 성막은 실제로 존재했다. 성막은 구세주를 상징한다. 누구든지 자기 죄를 씻으려면 성막의 문을 통과해서 휘장을 지나야만 했다. 이것은 누구든지 자기 죄를 씻으려면 오직 구세주를 통해야만 한다는 것을 의미한다. 또한, 성막은 영이신 하나님이 인간들에게 살아계심을 눈으로 보여 주기 위해 만든 장소이다. 구세주가 오신 이후로는 성막이 있을 필요가 없게 되었다. 구세주를 본 사람은 이미 하나님을 본 것이기 때문이다.

구세주가 오시기 전에는 대제사장만이 인간의 죄를 대신해서 하나님께 제사를 드리는 역할을 했다. 그러나 구세주가 오신 이후로는 구세주가 직접 중보자가 되어 주심으로 우리는 하나님께 담대히 나아갈 수 있게 되었

---

4) 또는, '언약궤'라고도 한다.

다. 구세주 한 분 외에는 다른 중보자가 없다. 신부, 마리아, 부처, 마호메
트 등 어느 누구도 우리들이 지은 죄의 용서함을 하나님께 대신 구할 수
없다.

Chapter 30
이스라엘 백성의 불신앙

우주를 창조하신 하나님께서는, 죄로 인해 죽을 수밖에 없는 인간을 구원하시려고 특별히 한 민족을 선택하셨다. 그들은 바로 세상의 많은 민족 중 이스라엘 민족이었다.

하나님이 이스라엘 민족을 선택하신 이유는, 하나님을 섬기고 순종하면 복 받는다는 것을 이스라엘 민족을 통해서 다른 나라에 알리시고, 이방 민족들도 이스라엘에게 나타나신 하나님을 보고 섬겨서 복을 받으라는 것이었다. 즉, 이스라엘 민족이 열방의 모델이 된 것이다. 그러나 그보다 더 중요한 이유는, 약속의 씨로서 여자의 후손인 구세주가 이스라엘 민족을 통해서 탄생하게 하려는 것이었다. 이스라엘 백성이 하나님을 위해서 선택한 것이 아니라 하나님께서 이스라엘 민족을 선택하신 것이다.

이스라엘 백성은 이집트에서 탈출해서 홍해를 건넌 후 하나님의 거룩한 산, 시내산에서 십계명을 받고 근처 시나이 광야에서 2년을 머물렀다. 그리고 이제 하나님이 주시기로 한 약속의 땅 가나안으로 이동하기 시작했다. 200만 명 이상의 사람들이 시내산을 떠나 3일 동안 이동할 때 낮에는 구름이 그들 위에서 뜨거운 햇볕을 막아 주었다. 하지만, 백성은 또다시 고생스럽다고 불평하기 시작했다.

하나님께서는 불평하는 소리를 들으시고 분노하셔서 하늘에서 불을 내려 진영 한쪽 끝을 태우기 시작하셨다. 백성들은 모세에게 살려달라고 부르짖었고 이에 모세가 하나님께 기도하자 곧 불이 꺼졌다. 그런데 이번에는 이스라엘 백성 가운데 섞여 있던 이방인들이 과거에 먹었던 좋은 음식들을 들먹이자 이스라엘 백성이 다시 울며 고기 좀 먹여 달라고 불평했다.

모세도 백성들이 우는 소리를 듣고 하나님께서 왜 자기를 지도자로 세워서 힘들게 하냐면서 하나님께 하소연했다. 차라리 자기를 죽여주는 것이 자신에게 은혜를 베푸는 길이라고까지 한탄했다. 하나님께서는 투덜거리는 소리를 듣고 모세에게 하루나 이틀이나 닷새가 아닌 한 달 내내 신물이 나도록 고기를 먹여 주겠다고 약속하셨다.

모세의 생각에 그 말씀은 납득이 되지 않는 것이었다. 모세는 200만 명 이상 되는 사람들을 한 달 동안 고기를 먹이려면 도대체 얼마나 많은 양의 고기가 필요하며, 자신들이 가지고 있는 양떼와 소떼를 다 잡고 바다의 모든 물고기를 다 잡아도 부족할 것이라고 하나님께 말했다. 당연히 하나님께서는 나에게 불가능한 일이 없으며 당신의 말씀대로 되는지 안 되는지 보게 될 것이라고 모세에게 말씀하셨다.

하나님은 바람을 보내 바다에서부터 메추라기를 몰아 이스라엘 백성들이 머물고 있던 진영과 그 주변 일대에 내리게 하시자 진영에서 사방으로 하룻길 떨어진 지역까지 메추라기가 지상에서 약 1미터 높이로 날아다녔다. 그래서 사람들은 그날 밤과 낮, 그리고 그 다음 날 저녁까지 메추라기를 잡았는데 가장 적게 잡은 사람도 10가마 정도나 되었다.

그리고 그들은 잡은 메추라기를 말리려고 그것을 진영 주변에 사방으로 널어놓았다. 그러나 그들이 그 고기를 입 안에 넣고 씹기도 전에 하나님께서 무서운 재앙으로 그들을 수없이 죽이셨다. 이스라엘 백성은 하나님의 기적을 늘 보면서 살아갔지만, 자신들이 조금이라도 불편하고 힘들면 곧 모세와 하나님을 원망하는 짓을 계속 반복했다.

Chapter 31
가나안 땅을 거절한 이스라엘 백성

드디어 이스라엘 백성들은 하나님이 주시기로 약속한 가나안 땅을 눈앞에 두게 되었다. 하나님은 모세에게 열두 지파에서 한 명씩 12명을 뽑아 두 명씩 한 조를 이루어 가나안 땅을 정탐해 오라고 하셨다.

40일이 지나서 정찰대원들이 돌아왔다. 그들은 돌아올 때 기름지고 비옥한 가나안 땅에서 생산한 과일을 가져왔다. 백성들은 과일을 보고 그곳이 정말 살기 좋은 땅이라고 기뻐했다. 하지만, 그것도 잠시뿐이었다. 정찰대원들의 입에서 나온 말은 백성들의 가슴을 철렁 내려앉게 했다.

"가나안 땅에 살고 있는 사람들은 강할 뿐만 아니라 그들의 도시들은 아주 크고 성곽으로 둘러싸인 요새였습니다. 더군다나 거기에 사는 사람들은 거인들이었습니다. 그리고 우리는 그들에 비교하면 메뚜기와 같습니다."

10명의 정찰대원이 말했다. 그리고 그들은 사람들에게 나쁜 소문을 퍼뜨렸다. 가나안 땅에 사는 사람들은 모두 키가 컸으며, 힘센 장사들이 수두룩하다고 했다.

이스라엘 백성들은 정찰대원들의 말을 듣고 밤새도록 큰소리로 울었다. 모세와 아론을 원망하며 차라리 이집트나 광야에서 죽는 것이 더 나았을 것이라고 했다. 이스라엘 백성들은 다시 지도자를 뽑아 이집트로 돌아가자고 서로 외쳐댔다. 그리고 모세와 아론에게 죽일 듯이 달려들었다.

이때, 정찰대원이었던 여호수아와 갈렙이 말했다.

"맞습니다. 우리가 정탐하러 갔던 땅은 매우 좋은 곳입니다. 하나님께서 우리에게 자비를 베푸신다면 우리를 반드시 그 땅으로 인도하실 것입니다. 젖과 꿀이 넘쳐 흐를 만큼 비옥한 그 땅을 우리에게 주실 것입니다. 여호와를 배반하지 마십시오! 그 땅의 백성을 두려워하지 마십시오! 그들은 우리의 밥이나 마찬가지입니다. 그들에게는 보호자가 없지만 우리에게는 하나님이 계십니다. 그들을 두려워하지 마십시오."

여호수아와 갈렙은 하나님께서 함께하시기 때문에 이길 수 있다고 백성들을 설득했고, 사람들은 돌을 들어 여호수아와 갈렙을 쳐 죽이려고 위협했다. 그 순간 하나님의 성막 위에 하나님의 영광의 광채가 나타났다. 그리고 하나님이 모세에게 말씀하셨다.

"내가 이들 가운데서 기적을 일으켰는데도 이 백성이 언제까지 나를 멸시할 것이냐? 언제까지 나를 믿지 않을 것이냐? 내가 이들에게 끔찍한 병을 내려서 이들을 모두 없애버리겠다. 그러나 너를 통하여 이들보다 크고 센 나라를 이룰 것이다."

"하나님! 살려 주십시오! 만약 하나님께서 하나님의 백성을 단번에 죽이시면, 다른 나라 사람들이 '여호와는 자기 백성을 약속한 땅으로 데려갈 힘이 없어서 광야에서 죽여 버렸다.' 라고 말할 것입니다."

모세는 하나님께 백성들을 살려달라고 간절히 구했다. 그러자 하나님은 이번에도 용서해 주시겠다고 했지만, 이스라엘 백성이 열 번이나 하나님을 시험하고도 순종하지 않았으니 20세 이상의 사람들은 한 명도 약속한 가나안 땅에 들어가지 못하고 광야에서 죽을 것이라고 말씀하셨다. 하나님을 불신한 죄 때문에 40년 동안, 지금 살아 있는 사람들이 다 죽을 때까지, 광야에서 방황할 것이라고 말씀하셨다.

이 일로 인하여, 20세 이상 사람들은 40년간 광야에서 유랑생활을 하는 동안 한 사람도 남지 않고 모두 죽고 말았다. 모세와 아론도 광야에서 죽었다. 20세 이상 어른 중에 여호수아와 갈렙만이 살아남아 가나안 땅으로 들어갔다. 이스라엘 백성이 하나님을 믿지 않고 이집트나 광야에서 죽는 것이 차라리 좋겠다고 말한 그대로 하나님은 그들을 광야에서 다 죽이셨다. 참으로 우리는 언제나 믿음으로 하나님께 나아가야 하며, 믿음의 말을 해야 함을 배우게 된다.

Chapter 32
모세의 불순종

이스라엘 백성이 40년 동안 광야에서 생활하면서 하나님은 여전히 그들을 돌보아 주셨다. 하지만, 이들은 힘들고 어려우면 불평하는 일을 밥 먹듯이 반복했다. 그리고 하나님이 세우신 지도자 모세와 아론을 대적하기도 했다. 그럴 때마다 하나님은 택하신 종이 누구인지 백성들에게 일깨워 주셨다.

광야 여정 중 가데스라는 곳에 이르렀을 때 백성들은 모세와 아론에게 몰려가 항의하기 시작했다. 백성들은 모세와 다투며 불평을 쏟아냈다.

"우리를 이집트에서 살도록 내버려두지 왜 곡식도 없고 과일도 없고 마실 물조차 없는 황무지로 끌고 와서 고생시키느냐!"

그리고 마실 물을 달라며 항의했다. 모세와 아론은 반복되는 불평에 짜증이 났다. 모세는 다시 하나님께 기도했다. 그러자 하나님은 모세에게 형 아론과 함께 백성을 모으고, 지팡이를 들고 바위를 향해 물이 나오라고 명령하면 바위에서 물이 나올 것이라고 말씀하셨다. 모세와 아론은 백성들을 모으고 그들에게 말했다.

"이 불평꾼들이여! 우리가 너희를 위해 바위에서 물이 나오게 하면 되겠느냐?"

모세는 지팡이로 바위를 두 번 내리쳤다. 바위를 치는 순간 엄청난 양의 물이 솟구쳐 나와 백성과 짐승들이 다 물을 먹고 목을 축였다. 하나님은 이 일로 인하여 모세와 아론에게 벌을 내리셨다. 하나님은 모세와 아론이 백성들 앞에서 하나님을 거룩히 여기지 않았고, 말로만 바위에게 명령하여 물이 나오게 하라고 했는데, 혈기를 부리며 지팡이를 두 번 바위에 두들겨서 물이 나오게 한 것에 대해서 모세와 아론이 가나안 땅에 들어가지 못하는 벌을 내리셨다. 하나님을 믿는다는 것은 하나님께서 명령하신 말씀 그대로 행하는 것이지 내 생각과 방법대로 하는 것이 아니다.

이스라엘 백성들은 반석에서 나온 물을 마시고 생명을 이어갈 수 있었다. 이 반석은 구세주를 상징한다. 훗날 구세주가 전하는 생명의 말씀을 통해 사람들은 목마름을 해갈하고 생명을 얻게 되었다.

Chapter 33
장대에 달린 구리뱀

이스라엘 백성은 척박한 광야에서 40년 동안 유랑생활을 했다. 어느 날, 에돔 땅으로 돌아가려고 호렙산을 떠나 홍해로 가는 길을 따라가는데 길을 돌아가는 고생을 참지 못하고 백성들은 또 하나님과 모세를 원망하며 불평하기 시작했다.

"무엇 때문에 우리를 이집트에서 끌어내어 광야에서 죽이려 하느냐! 여기는 먹을 것도 없고 마실 물도 없고, 이제 만나도 신물이 나고 지겨워서 못 먹겠다!"

백성들의 불평을 들으신 하나님은 곧 독사를 보내어 많은 사람이 독사에게 물려 죽게 하셨다. 백성들은 다시 잘못했다며 모세를 통해 뱀들을 없애 달라고 하나님께 부탁했다. 그래서 모세는 하나님께 기도했다. 하나님은 모세에게 말씀하셨다.

"모세야! 구리뱀을 만들어 장대에 매달아라. 뱀에 물린 사람마다 장대에 매달린 구리뱀을 쳐다보면 살 것이다."

모세는 말씀대로 구리뱀을 만들어 장대에 매달았다. 장대에 매달린 구리뱀을 본 사람은 독사의 독이 몸에 퍼졌지만 살아날 수 있었다. 하나님은 사람들이 하나님을 믿지 않고 불순종할 때는 형벌을 내리셨지만, 형벌을 통해 잘못을 인정하고 다시 순종하는 사람들에게는 살아날 수 있는 구원의 길도 함께 열어 주셨다.

만약, 사람들이 독사에게 물렸는데도 장대에 매달린 구리뱀을 쳐다보지 않았다면 쳐다보지 않은 사람들은 모조리 죽었을 것이다. 구리뱀을 보는 일은 결코 어려운 일이 아니다. 그냥 쳐다만 보면 살 수 있는 일이다. 어쩌면, 어떤 이들은 뱀에 물려 다 죽게 되었는데도, 장대에 매달린 구리뱀을 본다고 살 수 있겠느냐면서 의심하고 보지 않았을 것이다. 어떤 사람들은 차라리 기도를 하는 것이 낫다고 생각했을 것이고, 어떤 이들은 차라리 제사를 드리는 것이 낫다고 생각했을 수도 있을 것이다.

하지만, 하나님이 지시하신 방법이 아닌 다른 방법으로는 살 길이 없다. 오직 장대에 매달려 있는 구리뱀을 본 사람만이 살 수 있었다. 이후로도 많은 기적으로 하나님은 이스라엘 백성을 광야에서 살리셨고, 광야에 있는 여러 나라와 싸워서 이기도록 해주셨다. 이스라엘 백성이 이집트를 나올 때는 군대도 없었지만, 하나님이 도와주셔서 다른 나라의 군대와 싸워서 이기게 해주셨다.

이스라엘 백성은 스스로 자신들을 보호할 수 있는 힘과 능력이 없었다. 하나님께서 늘 보호하시고 도와주셨다. 하나님은 이스라엘 백성이 자신들의 무능함을 깨닫고 하나님께 온전히 의지하기를 원하셨다. 지금도 하나님은 우리 자신의 힘으로 스스로를 구원할 수 있다고 착각하는 이들에게 오직 하나님만이 구원의 길임을 알려주고 계신다.

장대에 달린 구리뱀은 훗날 십자가에 달릴 구세주를 상징한다. 구리뱀을 쳐다본 사람들이 죽음에서 구원받았듯이 십자가에서 죽으신 구세주를 믿는 사람들도 모두 죽음에서 구원을 받게 되었다.

Chapter 34
약속의 땅 가나안

모세가 120세 되던 해, 하나님은 모세를 높은 산으로 부르시고 가나안 땅을 보여 주셨다. 그 순간 모세는 무척이나 기뻤다. 가나안은 광야에서의 40년 세월 동안 너무도 바라고 가고 싶었던 땅이었기 때문이었다. 하지만, 과거 한 번의 불순종 때문에 모세는 그렇게 소망하고 그리워하던 가나안 땅에 들어갈 수 없게 되었다. 모세는 120세였지만 눈이 흐리지도 않았고 기력도 쇠하지 않았다.

하지만, 하나님은 모세를 이 땅에서 데려가시고 모세의 뒤를 이어 여호수아를 이스라엘의 지도자로 세우셨다. 여호수아는 이스라엘 백성을 이끌고 요단강을 건너 가나안 땅으로 들어갔다. 가나안 땅에는 원주민들이 나라를 이루어 살고 있었다. 여호수아는 하나님의 도움으로 성을 하나씩 점령해 갔고 가나안 땅에 있는 대부분의 왕들은 여호수아가 이끄는 이스라엘 백성에게 패하여 나라를 잃고 말았다. 여호수아가 110세가 되던 해 여호수아도 죽어 장사되었다.

이집트를 떠나 40여 년을 광야에서 유랑생활을 하던 이스라엘 백성은 드디어 가나안 땅을 점령하고 그곳에 정착하게 되었다. 하나님이 그들의 조상 아브라함에게 약속하신 일이 비로소 성취된 것이었다. 이스라엘 백성이, 가나안 땅에 거주하던 대부분의 나라를 점령하고 가나안 땅에서 나는 식물을 먹은 다음 날부터, 40년 동안 하늘에서 내리던 만나는 더이상 내리지 않았다.

이스라엘 백성들은 광야 40년 동안 하늘로부터 내린 만나를 먹고 생명을 이어왔다. 그 만나는 구세주를 상징한다. 만나가 생명을 주는 양식이었듯이 구세주를 믿고 따르는 자들은 결코 주리거나 목마르지 않고 영원한 생명의 양식을 얻게 될 것이다.

Chapter 35
구세주의 조상이 된 기생 라합

모세가 죽고 여호수아가 지도자가 되어 이스라엘 백성들은 요단강을 건너 여리고성 앞에 이르렀다. 여호수아는 두 명의 정탐꾼을 선발해서 여리고 성을 자세히 정찰하고 오라고 했다. 그리고 정탐꾼들은 여리고성의 기생 라합의 집에 머물게 되었다.

그런데 여리고성에 사는 사람이 여리고 왕에게 이스라엘의 정탐꾼이 라합의 집에 숨어 있다고 알려주었고 왕은 부하들을 시켜 이들을 잡으러 왔다. 그러자 라합은 지붕 위에 펼쳐 놓았던 삼대 밑에 두 정탐꾼을 숨겨 주었다. 왕의 부하들이 왔을 때 라합은, 그들이 저녁이 되어 성문을 닫기 전에 성을 빠져나갔다고 말했다.

라합은 정탐꾼들에게 이스라엘의 하나님이 어떤 분이시며, 어떻게 이스라엘 백성을 인도하셨는지 잘 안다고 했다. 그리고 여리고성은 이스라엘에게 곧 망할 것이라고 말하며 라합은 자신과 가족을 살려달라고 부탁했다. 라합은 두 정탐꾼을 창문을 통해 밧줄을 타고 내려 여리고성 밖으로 갈 수 있도록 도와주었다. 정탐꾼은 라합에게 여리고성에 쳐들어올 때 창문에 붉은 밧줄을 매어 두라고 했다. 그리고 라합의 모든 가족을 집안에 머무르라고 했다.

이스라엘이 여리고성을 점령할 때 말씀에 순종한 라합과 그녀의 가족은 생명을 보존할 수 있었다. 라합은 비록 자기 나라를 배반한 행동을 했지만, 무엇보다도 하나님을 믿는 믿음이 있었기 때문에 구원을 받을 수 있었다. 훗날 라합의 자손 중에 다윗이 태어나게 되고, 다윗의 후손 중에 구세주가 탄생하게 된다. 결과적으로 라합은 믿음으로 구세주의 조상이 되는 복의 사람이 되었다.

Chapter 36
사사들의 통치

이스라엘 사람들이 가나안 땅의 많은 나라를 점령했지만, 일부 원주민들의 나라는 아직 남아 있었다. 하나님은 이들을 모두 쫓아내라고 했지만, 이스라엘 백성은 일부 원주민을 받아들여 같이 살 수 있도록 했다. 그리고 하나님을 잘 믿는 지도자 여호수아가 죽자 이스라엘 백성들은 가나안 땅의 원주민들이 믿던 신을 믿기 시작했다.

이스라엘 백성이 하나님을 의지하지 않고 우상⁵을 숭배하게 되자 하나님은 이스라엘이 전쟁할 때 더 이상 도와주지 않으셨다. 그래서 이스라엘은 전쟁할 때마다 패하게 되었다. 이스라엘 백성들은 다시금 하나님께 도와달라고 간청하였고 하나님은 이스라엘 백성을 위해 하나님의 일을 대신할 지도자인 사사를 세우셨다. 하나님은 사사들에게 능력을 주어 그들로 하여금 이스라엘을 지키게 하셨고 때로는 정복당한 이스라엘을 해방시키기도 하셨다.

사사들이 살아 있는 동안에 백성들은 사사들을 통해 전해지는 하나님

---

5) 피조물(나무, 돌, 태양 등)로 만든 신(神)의 형상.

의 말씀을 듣고 순종했다. 그래서 하나님은 이스라엘 백성들을 주변 나라로부터 보호하시고 도와주셨다. 하지만, 백성을 다스리던 사사가 죽으면 백성들은 다시금 하나님을 멀리하고 잘못된 옛 습성으로 되돌아갔다. 백성들은 이전 세대보다 더 부패하여 다른 신들을 섬기고 절하며 그들의 악한 행위와 못된 습성을 따라 살았다. 그럴 때마다 하나님은 이스라엘 주변 나라로 하여금 이스라엘을 침략하게 하여 백성들이 고난을 겪도록 만드셨다. 이러한 일들은 이스라엘 역사수백 년 동안 계속 반복되었다.

Chapter 37
왕들의 시대가 열림

　이스라엘은 이 세상 어느 나라보다 복 받은 나라였다. 하나님이 친히 왕이 되셔서 그들을 다스리고 도와주셨기 때문이다. 하지만, 이스라엘 백성들은 하나님을 거부하고 주변의 다른 나라들처럼 자신들의 왕을 세우기 원했다.

　이때까지 이스라엘의 왕은 하나님이셨는데 하나님은 왕을 달라는 이스라엘 백성들의 요구를 어쩔 수 없이 받아들이셨다. 그때부터 하나님의 명령을 따라 사사들이 통치하던 시대는 끝나고 많은 왕이 이스라엘을 통치하는 시대가 되었다. 그 왕들 중에는 다윗, 솔로몬 등이 있었다. 어떤 왕들은 하나님을 믿고 의지했지만, 대부분의 왕들은 하나님을 믿지 않고 의지하지 않았다. 광야 생활을 할 때도 그러했고 사사들이 나라를 다스릴 때도 그러했듯이, 왕들의 시대에도 하나님을 잘 믿는 왕은 하나님께서 복을 주시고 주변 국가로부터 지켜 보호해 주셨다. 그러나 왕들이 하나님을 믿지 않고 신뢰하지 않을 때는, 이스라엘이 힘들고 어려워도 돕지 않으셨다.

역대 왕들 중에 가장 위대한 왕으로 다윗 왕을 꼽을 수 있다. 다윗 왕은 이스라엘을 다스렸던 여느 왕과는 달리 진심으로 하나님을 믿었으며, 모든 일에서 하나님께 순종하기를 원했다. 고난받고 힘들 때는 하나님을 잊어버릴 때도 있었지만, 대부분의 세월을 하나님께 순종하며 살았다. 하나님은 그런 다윗에게 엄청난 복을 주셔서, 주변의 나라들이 다윗의 이름만 들어도 두려워할 정도로 만들어 주셨다. 다윗은 하나님의 선지자[6]로서 성경의 많은 부분을 기록하였고 일생일대의 소원인, 하나님이 머무시는 성전을 지으려고 하나님께 기도했다.

그러나 하나님은 전쟁으로 인해 사람을 많이 죽인 다윗에게 하나님의 성전 짓는 일을 허락하지 않으셨다. 대신에 다윗의 아들 솔로몬이 성전을 지을 수 있도록 허락하셨다. 다윗은 비록 자신의 손으로는 하나님의 성전을 지을 수 없었지만 많은 재물과 건축 재료를 준비해 두었다. 그리고 아들 솔로몬에게 하나님의 성전을 짓도록 유언을 남기고 죽었다. 솔로몬은 아버지 다윗 왕의 유언에 따라 하나님의 성전을 건축했고 이전까지 성막에 머무시던 하나님은 이제 성전에 계시게 되었다. 솔로몬이 죽은 후, 이스라엘은 남과 북, 두 나라로 나뉘어졌다. 북쪽은 '이스라엘' 왕국이라고 불렸고, 남쪽은 '유다' 왕국이라고 불렸다.

다윗은 생전에 하나님으로부터 많은 복을 받았다. 무엇보다도 구세주가 자신의 후손 중에서 태어날 것이라는 약속의 말씀을 받았다. 다윗은 구세주의 조상이 되는 최고의 복을 받은 것이었다.

---

6) 하나님의 말씀을 전하는 사람. 이스라엘 민족의 종교 지도자. 하나님과 인간 사이의 매개자.

Chapter 38
이스라엘의 선지자들

하나님은 왕들이 통치하던 시대에 하나님의 말씀을 대신 전할 선지자들을 북왕국 이스라엘과 남왕국 유다에 보내셨다. 선지자들은 하나님의 메시지를 듣고 백성들에게 하나님의 길을 제시했을 뿐만 아니라 죄에 대한 하나님의 심판에 대해 계속적으로 경고했다.

선지자들은 왕과 백성들이 회개하고 하나님께로 돌아올 것과 우상을 숭배하지 말고 오직 하나님만 믿고 따르며 순종할 것을 전했다. 그렇지 않으면 이스라엘 주변 나라들에게 포로로 잡혀갈 것이라고 경고했다. 그러나 선지자들의 경고에도 불구하고 선지자들의 말을 듣지 않을 때는 어김없이 이스라엘이 주변 나라에게 침략당하는 일이 반복되었다.

또한, 하나님은 많은 선지자를 통해 구세주에 관한 예언을 주셨다. 장차 구세주에게 일어날 일들도 알려주셨다. 선지자들은 이 일들을 하나하나 기록했으며. 이것이 이후 성경이 되어 오늘날까지 전해지고 있다. 이스라엘 백성 중에는 언제나 소수의 사람이지만, 선지자를 통해 들려주는 하나님의 메시지를 믿는 경건한 믿음의 사람들이 있었다. 그러나 백성들 대부분은 하나님의 말씀에 순종하기를 거부했다.

그들은 때로는 하나님이 보내신 선지자를 거부하고 어떤 이는 선지자들을 죽이려고도 했다. 그리고 이스라엘에는 거짓 선지자들도 있었는데, 이들은 자신들을 하나님이 보낸 사람이라고 거짓말을 했다. 이들은 이스라엘 백성들이 우상을 섬기고 악을 행해도 만사가 잘 될 것이며, 하나님의 징벌 같은 것은 없을 것이라고 사람들을 현혹했다.

하나님의 선지자 중에는 이사야, 엘리야, 예레미아, 에스겔, 다니엘, 호세아 등 30여 명의 선지자가 구약성경에 등장한다. 선지자들 중에는 장차 오실 구세주에 대한 예언을 기록한 이들도 많이 있었다. 이들 중에서 이사야 선지자는 구세주가 이 땅에서 고난받게 될 것을 비롯한 구세주에 대한 많은 예언을 남겼다.

Chapter 39
선지자 요나

기원전 760년경 요나 선지자가 하나님의 말씀을 전하고 있을 때 이스라엘의 적국에는 니느웨라는 큰 성이 있었다. 하나님은 성에 사는 사람들의 악행을 보시고 더는 참을 수가 없어 선지자 요나를 보내어 회개하도록 계획하시고 요나에게 니느웨성으로 가라고 말씀하셨다.

요나는 하나님의 말씀을 순종하며 잘 따르던 선지자였지만, 적국인 니느웨성 사람들에게 회개하라고 전했을 때, 그들이 돌이켜 회개하는 것을 원하지 않았다. 그래서 요나는 하나님의 명령을 거역하여 도망치고자 욥바라는 항구로 가서 니느웨와 반대 방향인 다시스로 가는 배에 올랐다. 요나가 탄 배는 출항하여 다시스로 향했다. 어느 정도 항해를 했을 때 갑자기 바다에서 태풍이 불어 배가 뒤집힐 지경이 되었다. 배에 탄 사람들은 각자가 믿는 신에게 살려달라고 기도했다. 이때 요나는 배 밑창에서 잠을 자고 있었다. 배의 선장이 요나를 보고 말했다.

"여보시오! 어찌하여 잠을 자고 있소? 일어나서 당신의 신에게 부르짖으시오. 혹시 당신의 신이 우리를 생각해 주어 우리가 살아날지도 모르잖소."

그리고 사람들은 재앙을 만난 것이 누구 때문인지 알아보자며 제비를 뽑았다. 제비에 뽑힌 사람은 바로 요나였다. 사람들은 요나에게 물었다.

"어째서 우리에게 이런 재앙이 내렸는지 말해 보시오."

"나는 히브리 사람입니다. 나는 바다와 땅을 지으신 하늘의 하나님, 곧 여호와를 섬기는 사람입니다."

"그러면, 당신을 어떻게 해야 저 바다가 잔잔해지겠소?"

"나를 바다에 던져 넣으십시오. 그러면 바다가 잔잔해질 것입니다. 나 때문에 이런 큰 폭풍이 몰려왔다는 것을 나도 알고 있습니다."

요나는 자신이 하나님의 말씀에 불순종했기 때문에 태풍이 일어났으니 자신을 바다에 던지면 태풍이 멈출 것이라고 사람들에게 말했다. 그러나 사람들은 그 말을 이해할 수 없었다. 자신들은 온갖 나쁜 짓과 죄를 저지르고 사는데, 요나는 단지 하나님의 말씀을 듣지 않았다는 이유만으로 자신들이 곤경에 빠졌다는 사실이 이해되지 않았던 것이다. 그래서 차마 요나를 바다에 던질 수가 없었다. 사람들은 배에 있는 짐들을 바다에 버리고 있는 힘껏 배를 저어 육지로 돌리려고 했지만 그럴수록 바람이 더욱 거세어졌다.

그러자 할 수 없이 배에 있던 사람들은 하나님의 뜻임을 인정하고 요나를 바다에 던졌다. 그러자 바다가 순식간에 고요해졌다. 이 광경을 목격한 배에 있던 사람들은 자연을 다스리는 하나님을 두려워하게 되었다. 그리고 창조주 하나님께 제사를 드리고 하나님을 믿게 되었다. 한편, 하나님은 큰 물고기를 준비하셔서 물에 던져진 요나를 삼키게 했다. 요나는 사흘 밤낮을 큰 물고기 뱃속에 갇혀 있었다. 요나는 하나님께 회개하고 살려달라고 부르짖었다. 하나님은 사흘 밤낮을 깜깜한 어둠 속에 있던 요나를 살려주셨다. 큰 물고기로 하여금 요나를 육지에 뱉어내게 하셨다.

　요나가 물고기 뱃속에 사흘 밤낮을 갇혀 있다가 나온 사건에 대해서, 750여 년 후 구세주로 오신 분은 자신이 무덤에 사흘 있다가 살아나는 부활의 표적과 증거가 될 것이라고 말씀하셨다.

Chapter 40
이스라엘과 유다왕국의 멸망

　이스라엘 왕국의 1대 왕인 사울 왕과 2대 왕인 다윗 왕을 이어 다윗의 아들 솔로몬이 왕이 되었다. 기원전 9세기경, 솔로몬 왕이 죽고 난 이후 이스라엘 왕국은, 북왕국 이스라엘과 남왕국 유다로 나누어졌다. 이스라엘과 유다의 백성들은 또다시 하나님을 믿지 않고 우상을 숭배했다. 죄에 빠져 살고 하나님을 믿지 않는 이스라엘 백성들에 대해 하나님은 오랫동안 참으셨다. 그리고 마침내 하나님은 이스라엘과 유다가 주변 국가에 의해 멸망하도록 내버려 두셨다.

　북왕국 이스라엘은 기원전 722년경 당시 강대국이었던 앗시리아에게 정복당했다. 앗시리아 왕은 북왕국 이스라엘 지역에 다른 나라 사람들을 이주시켜 정착해 살도록 했다. 이로 인해 이스라엘 사람들은 이방인들과 결혼하는 사람이 많아졌다. 남왕국 유다는 기원전 586년에 바빌로니아에 의해 나라가 망하여 많은 사람이 바빌로니아로 끌려가게 되었다. 바빌로니아는 유다의 수도인 예루살렘 성벽을 허물어 버려 그곳을 완전히 파괴했다. 솔로몬 때에 건축한 하나님의 성전도 허물고 불태워 버렸다.

이후로 오랜 세월이 지나 바빌로니아에 끌려갔던 유다왕국의 백성들이 자신들의 잘못을 뉘우치고 고향으로 돌아가게 해 달라고 하나님께 간절히 기도했다. 그리고 오랜 세월 뒤 하나님은 그들 중 많은 사람을 고향 예루살렘으로 돌아오게 해주셨다. 고향으로 돌아온 그들은 먼저 예루살렘을 둘러싼 성벽을 재건하고 무너진 성전도 다시 지었다. 그리고 그들에게는 다른 이름이 주어졌다. 그들은 이제 '유대인'이라고 불렸으며, 그 이름은 오늘날까지 사용되고 있다.

많은 세월이 또 지나갔다. 사람들은 또 하나님을 멀리하고 우상을 숭배하며 죄를 지었다. 하나님은 우상 숭배하고 하나님을 믿지 않는 유대인들을 징계하셨다. 팔레스타인 지역 주변 강대국인 그리스가 이스라엘 지역을 통치하게 되었고 그리스 말을 사용하도록 했다. 그리고 또 얼마 후, 이번에는 로마라는 강대국이 등장하여 또다시 이스라엘을 지배하게 되었다. 로마제국은 유대인을 다스렸으며 세금도 내도록 했다. 이를 지키지 않을 때는 엄하게 처벌했다. 로마인이 지배할 때 많은 유대인이 죽었고 어떤 사람들은 십자가에 못 박혀 죽기도 했다.

로마 황제 시저는 정복한 지역마다 다스릴 책임자를 임명하여 보냈으며 이스라엘도 예외는 아니었다. 이때, 로마는 많은 신을 경배했다. 심지어 로마 황제를 살아 있는 신으로 경배하기도 했다. 그럼에도 불구하고 로마제국은 유대인들이 성전에서 자신의 하나님을 예배하는 것을 허용했다. 로마는 세계를 정복하려고, 로마제국과 정복한 나라들의 구석구석을 연결하는 훌륭한 도로망을 확장해 나갔다. 그리고 로마의 정책에 의해 유대인들은 세계 각처로 흩어져 살게 되었다.

유대인들은 하나님의 성전 대신 자그마한 회당이라는 곳을 만들어 그곳에서 성경을 읽고 배우고 가르칠 수 있었다. 그러나 유대인들의 대부분은 성전과 회당을 다녔지만, 진심으로 하나님의 말씀을 믿고 순종하지 않았다. 그들은 단지 그들의 전통과 문화로써 종교적 의무와 관습에 따르는 것뿐이었다.

반면에 하나님의 사자가 전해준 말씀을 신실하게 믿는 소수의 사람이 언제나 있기 마련이었다. 그들은 하나님을 믿고 성경에 기록된 말씀대로 살려고 노력했다. 그들은 장차 자신들을 구원할 구세주가 오실 것을 믿고 기다렸다. 대부분의 유대인들은 구세주가 과거 다윗 왕 시대의 영광으로 나타나 주변 나라를 정복하고, 로마의 속국으로부터 자신들을 해방시켜 줄 것으로 생각했다. 그들은 단지 현재의 고통에서 해방시켜 줄 구세주를 원했을 뿐, 하나님이 선지자들을 통해 말씀하신 진정한 구세주에 대한 계획을 깨닫지 못했다.

하나님은 모든 사람이 구원을 받으며
진리를 아는 데에 이르기를 원하시느니라
디모데전서 2장 4절

3부

약속의 성취를 위해
이 땅에 오신 구세주

아들을 낳으리니 이름을 예수라 하라
이는 그가 자기 백성을 그들의 죄에서 구원할 자이심이라
마태복음 1장 21절

Chapter 01
기원전 구세주에 대한 예언

죄에 대한 대가는 반드시 죽음뿐이라고 하나님은 말씀하셨다. 인류 최초의 사람 아담이 하나님의 말씀에 불순종하는 죄를 지었고, 아담 한 사람으로 말미암아 이 세상에 죄가 생겨난 것이다.

아담은 죄의 대가를 치렀지만 아담의 씨를 가진 모든 인류는 죄를 가지고 태어나게 되었다. 모든 인류는 아담의 원죄를 안고서 죄를 지으며 살게 되었다. 그리고 모든 사람은 죄에 대한 대가인 죽음을 반드시 맞이하게 되었다. 공의의 하나님은 아담이 죄를 지었을 때 그를 죽일 수밖에 없었다. 공의의 하나님은 당신이 말씀하신 것을 반드시 지키셔야 했기 때문이다.

하지만, 하나님은 또한 사랑의 하나님이시기 때문에, 사람의 육체는 죽을 지라도 영혼은 죽음에서 살길을 열어 주셨다. 그 길은 구세주, 즉 그리스도[1]를 통한 구원의 길이다. 그리고 하나님은 아담에게, 아담의 후손 중에서 구세주가 태어날 것을 예언하셨다. 아담은 아들 중에서 구세주가 태

---

1) 인류를 죄악에서 구원(救援)하는 사람. 구세주 또는 '메시야'라고도 하며 '예수님'을 일컫는다.

어날 것을 기대했다. 그러나 그의 생전에 구세주는 오지 않았다. 그래서 아담은 자기의 후손 중에서 언젠가는 구세주가 올 것으로 생각했다.

아담의 후손들은 세계 각지에 흩어져 살았다. 세계 많은 민족 중에서 하나님은 특별히 이스라엘 민족을 선택하셨다. 그리고 이스라엘 자손 중에서 구세주가 탄생할 것을 말씀하셨다. 이스라엘 민족은 언제 오실지 모를 구세주를 기다려야 했다. 그러는 동안 많은 하나님의 일군들이 구세주에 대한 하나님의 계시를 받고 성경에 기록해 두었다. 성경은 약 1,600년에 걸쳐 40명 이상의 저자가 하나님의 영감을 받아 기록한 책이다. 하나님의 일꾼들도 구세주에 대한 예언은 기록했지만, 구체적으로 그가 언제 어디서 어떻게 태어나는지는 몰랐다. 하나님의 많은 일꾼이 구세주에 대한 단편적인 예언만 기록했을 뿐이었다.

기원전 740년경에 활동한 하나님의 선지자 이사야는 다윗의 후손 중에서 구세주가 탄생할 것이라고 예언했다. 이사야는 처녀의 몸에서 구세주가 태어날 것이라고 예언하며 구세주가 세상 사람들을 위해 고난받을 것을 예언했다. 구세주가 매를 맞고 침 뱉음을 당할 것이며 유대인들에게 배척당하고 부당한 고발에도 침묵하신다고 했다. 강도들과 함께 죽을 것과 부자의 무덤에 장사될 것도 예언했다.

동시대에 활동했던 미가 선지자는 구세주가 다윗 왕의 고향인 이스라엘 땅 베들레헴이라는 곳에서 탄생할 것이라고 예언했다. 선지자 호세아는 구세주가 무엇 때문에 이집트로 가게 되었는지는 몰랐지만, 이집트에서 이스라엘로 다시 돌아온다고 예언했다. 기원전 520년경에 활동한 스가랴 선지자는 은전(銀錢) 삼십에 구세주가 팔릴 것을 예언했다. 기원전 2천 년경에 살았던 야곱은 넷째 아들 유다의 후손 중에서 구세주가 태어날 것을 예언했다.

시편을 기록한 하나님의 종들은, 구세주가 친구에게 배반당할 것임을 예언했고 거짓증거로 고발당할 것임을 예언했다. 무고히 미움을 받으며 손과 발에 못이 박힐 것과 입은 옷을 제비 뽑힐 것을 예언했다. 조롱과 모욕을 당하며 마침내 무덤에서 부활하셔서 하늘로 올라가실 것을 예언했다. 이밖에도 구세주에 대한 많은 예언이 성경에는 무수히 기록되어 있다. 이 모든 예언들은 지금으로부터 2천여 년 전, 예수라는 이름으로 이 땅에 오신 구세주를 통해서 모두 이루어졌다.

Chapter 02
마지막 선지자 세례 요한

로마 황제 시저가 임명한 헤롯이 유대인의 왕으로 있을 때, 사가랴와 엘리사벳이라는 노부부가 살고 있었는데 그들에게는 자식이 없었다. 사가랴는 이스라엘 백성의 죄를 대신하여 하나님께 제사를 드리는 제사장이었다.

하나님은 어느 날 천사 가브리엘을 사가랴에게 보내어 말씀을 전하셨다.

"사가랴야, 두려워하지 마라. 네 기도를 하나님께서 들으셨다. 네 아내가 아들을 낳을 것이다. 그 아들의 이름을 '요한'이라고 하여라."

"저와 아내가 둘 다 늙었습니다. 아이를 낳는다는 것이 가능하겠습니까?"

"하나님께서 이 기쁜 소식을 전하라고 너에게 나를 보냈는데, 네가 믿지 않는구나. 이 일이 이루어질 때까지 너는 벙어리가 될 것이다!"

사가랴는 그동안 자식을 가지게 해 달라고 기도를 많이 했지만, 정작 천사가 나타나 자식을 가질 것이라고 말하자 믿을 수가 없었다. 그러나 부인 엘리사벳은 천사가 말한 대로 곧 임신하게 되었다. 사가랴는 자식을 주겠다는 하나님의 말씀을 믿지 않았기 때문에 자식이 태어날 때까지 벙어리로 있어야 했다. 한편, 엘리사벳이 임신한 지 6개월쯤 되었을 때 가브리엘 천사는 마리아에게 나타났다. 천사가 마리아에게 말했다.

"마리아야! 두려워하지 마라. 하나님께서 네게 은혜를 베푸신다. 네가 아들을 임신하게 되어 아들을 낳을 것이다. 아들의 이름을 '예수'라고 하라!"

"나는 남자를 알지 못하는 처녀인데 어떻게 이런 일이 있을 수 있습니까?"

"성령이 네게 내려오시고 가장 높으신 분의 능력이 너를 감싸 주실 것이다. 태어날 아이는 거룩한 분, 하나님의 아들이라고 불릴 것이다."

그리고 가브리엘은 마리아에게, 친척 엘리사벳도 늙었지만 하나님의 능력으로 임신했다고 전해 주었다. 마리아는 이 말을 듣고 하나님의 뜻대로 되기를 바란다면서 천사 가브리엘의 말을 믿었다. 엘리사벳은 이후 아들을 낳고 아들의 이름을 요한이라고 불렀다. 요한은 장차 구세주가 오시는 길을 예비할 선지자가 되어, 구세주께서 곧 오심을 알려야 할 막중한 임무를 가지게 있었다. 그리고 요한은 하나님의 마지막 선지자가 되어 수천 년 동안 유대인들이 기다렸던 구세주가 누구인지 백성들에게 정확히 알려주었다.

Chapter 03
약속의 구세주 탄생

나사렛이라는 동네에 요셉이라는 사람이 살고 있었다. 요셉은 자기와 약혼한 마리아가 임신한 사실을 알게 되었을 때, 자신은 분명히 그 아기의 아버지가 아니라는 것을 알았다. 이 당시 이스라엘의 율법에 의하면 정혼한 여자가 다른 남자의 아기를 임신하면 돌로 쳐 죽여야 했다. 하지만, 요셉은 마리아를 사랑했으므로 임신한 사실을 다른 사람들에게 전혀 알리지 않고 조용히 파혼을 결심했다.

하지만 마리아는 남자와 동침한 적이 없었다. 마리아의 태에 있는 아기는 오직 하나님의 성령으로 잉태된 것이었다. 그 아기는 육체의 몸을 가진 사람으로 태어날 하나님의 아들이셨다. 이사야의 예언대로 처녀의 몸에서 아기가 태어나게 될 것이었다. 하나님은 요셉과 마리아가 파혼하는 것을 허락하지 않으시고 요셉의 꿈에 천사를 보내셨다. 그리고 마리아에 대한 진실을 얘기해 주시고 마리아를 아내로 맞이하라고 말씀하셨다. 요셉은 의로운 사람이었으므로 하나님의 말씀에 순종하여 마리아를 아내로 맞이하였다. 그리고 요셉은 아기가 태어나기 전까지 마리아와 동침하지 않았다.

그 무렵 아우구스투스 황제가 로마제국 전역에 인구조사를 실시하라는 명령을 내렸다. 로마의 지배를 받고 있던 이스라엘도 예외는 아니었다. 그래서 사람들은 본적지에서 호적을 등록하려고 자신들의 고향으로 돌아갔다. 요셉은 다윗의 후손이었다. 그래서 나사렛에서 살고 있던 요셉은 마리아와 함께 호적을 등록하려고 다윗의 고향인 베들레헴으로 떠났다.

요셉과 함께 베들레헴으로 향했을 때 마리아는 만삭의 몸이었다. 그들이 베들레헴에 도착했을 때 곧 해산하게 되었는데 여관에는 방이 없었다. 다윗의 많은 자손이 요셉과 마찬가지로 호적을 등록하러 고향인 베들레헴에 몰려들었으므로 여관마다 빈방이 없었던 것이다. 그나마 마구간 주인의 배려로 요셉과 마리아는 마구간에서 아기를 낳을 수 있었다. 그들은 아기를 포대기에 싸서 말구유에 뉘었다. 요셉과 마리아는 아기의 이름을, 이전에 가브리엘 천사를 통해 하나님께서 지시하신 대로, '예수'라고 지었다. 예수라는 이름은 '그가 자기 백성을 저희 죄에서 구원할 자'라는 뜻이다. 다시 말하면 하나님의 백성을 영원한 지옥의 형벌에서 구원하기 위해서 오신 분이라는 것이다.

한편, 근처 들판에는 목자들이 밤을 새워가며 양떼를 지키고 있었다. 그때 갑자기 천사가 나타나자 광채가 그들 주변에 비치었다. 목자들은 하나님의 어마어마한 영광의 광채를 보고 두려워 벌벌 떨었다. 그때 천사가 목자들에게 두려워하지 말라고 전하고, 구세주께서 탄생하셨다고 알려 주었다. 그 증거로 포대기에 싸여 구유에 뉘어 있는 갓난아기를 볼 것이라고 전해 주었다. 목자들은 천사의 말을 듣고 곧장 베들레헴으로 달려갔다. 아니나 다를까 갓난아기가 구유에 뉘어 있는 것을 보고 마리아와 요셉에게 천사들을 만난 일과 들은 말을 전해 주었다. 듣는 사람들이 다 목자들의 말에 놀라는 표정이었으나 마리아와 요셉은 전혀 놀라지 않았다.

구세주가 태어날 당시, 로마로부터 임명된 헤롯 왕이 이스라엘을 통치하고 있었다. 이때, 이스라엘의 동쪽나라에서 몇 명의 박사들이 천문을 연구하다가 이상한 별을 발견하고 그 별을 따라왔다. 이들은 별을 따라 예루살렘까지 왔다. 분명히 그 별이 멈추는 곳에는 위대한 임금이 태어날 것을 확신하고 별을 따라왔다. 하지만, 예루살렘 근처에서 별이 사라졌다. 박사들은 임금으로 태어나는 분이 당연히 궁궐에 있을 것으로 생각하고 헤롯 왕의 궁으로 가서 물었다.

"유대인의 왕으로 태어나신 아기에게 경배하러 왔습니다. 지금 어디 계십니까? 우리는 동쪽에서 그 아기의 별을 보고 여기까지 왔습니다."

이 소리를 들은 헤롯 왕은 깜짝 놀랐다. 자신의 자식 중에 지금 태어난 아기도 없을 뿐만 아니라 자기가 유대인의 왕인데 새로운 왕이 난다는 얘기를 듣고 몹시 근심하게 되었다. 온 예루살렘이 이 소문으로 말미암아 떠들썩하게 되었다. 헤롯 왕은 대제사장과 율법학자들을 다 불러 모아 놓고 물었다.

"그리스도가 어디서 태어나느냐?"

"유대의 베들레헴이라는 마을입니다."

그들은 성경에 예언되어 있는 것을 헤롯 왕에게 말했다. 이 말을 들은 헤롯은 동방으로부터 온 박사들을 몰래 불러서 별이 나타난 때를 자세히 캐묻고는 박사들을 베들레헴으로 보내면서 말했다.

"가서 아기를 잘 찾아보시고 아기를 찾으면 나에게도 꼭 알려 주시오. 그러면 나도 가서 그 아기에게 경배하겠소."

박사들이 왕의 말을 듣고 베들레헴으로 향해 떠나는데 동쪽 나라에서 보았던 그 별이 다시 나타나 그들을 안내해 주었다. 그러다가 아기가 있는 곳 위에서 멈췄다. 박사들은 아기가 있는 집에 들어가 아기에게 엎드려 경배하고 나서 자신들이 가져온 보물함을 열어 황금과 유향과 몰약을 예물로 드렸다. 그리고 그날 밤 꿈에 헤롯 왕에게 가지 말라는 하나님의 지시를 받은 박사들은 딴 길을 통해 자기 나라로 돌아갔다.

박사들이 돌아가고서, 요셉의 꿈에 천사가 나타나 헤롯이 아기를 찾아 죽이려고 하니 이집트로 피난 가서 지시가 있을 때까지 거기서 기다리라고 했다. 요셉은 이에 순종하여 밤에 아기와 마리아를 데리고 이집트로 떠났다. 그리고 헤롯 왕이 죽을 때까지 이집트에서 살았다. 한편, 헤롯 왕은 박사들에게 속은 것을 알고 몹시 화가 났다. 그는 사람을 보내어 박사들에게 알아본 때를 기준으로 하여 베들레헴과 주변에 사는 두 살 아래의 사내아이들을 모조리 죽여버렸다. 그 뒤 시간이 흘러 헤롯이 죽은 후, 요셉은 하나님의 지시에 따라 고국으로 돌아와 나사렛이라는 동네에서 살았다.

모든 역사의 기록에는 연도를 표기할 때 반드시 기원전 혹은 서기로 표기한다. 이 기준이 되는 기원전과 서기는 구세주의 탄생을 기점으로 표기한다. 이처럼 구세주 예수는 모든 역사의 중심인물이시다. 사탄은 헤롯의 배후에서 구세주를 죽이기 위해 상상하기 어려울 만큼 끔찍한 살인을 저질렀다. 그러나 창조주 하나님께서는 태초에 약속하신 구세주의 탄생을 이루셨고 그의 생명도 보호하셨다. 사탄은 최후의 발악을 했지만, 하나님은 하나님의 계획인 구세주 탄생을 이루신 것이다.

구세주 예수님이 사람의 몸으로 이 땅에 오신 목적은 죄로 말미암아 영원한 지옥의 형벌을 받을 수밖에 없는 모든 사람의 구원을 위한 것이었다. 우리는 예수 그리스도가 나의 죄를 위해 돌아가셨다는 역사적인 사실을 믿기만 하면, 형벌을 면하고 하나님의 나라에 갈 수 있게 된 것이다.

Chapter 04
세례 요한이 전한 메시지

이스라엘에 말라기라는 선지자가 있었다. 이 말라기 선지자가 하나님의
뜻을 이스라엘의 백성에게 전달한 이후로 400여 년 동안 하나님은 더이
상 선지자를 다시는 보내지 않으셨다. 그동안 이스라엘 백성들은 하나님
의 선지자를 갈망했다. 당시 이스라엘 백성들은 강대국인 로마제국에 의
해 나라가 점령되어 많은 세금 납부와 착취로 어렵고 힘든 삶을 살고 있
었기에 더더욱 그러했다.

하나님은 이스라엘 역사 가운데서 늘 말씀하셨던, 구세주를 보내 주시
기로 한 약속을 지키셨다. 구세주가 오시기 이전에, 먼저 당시의 제사장
사가랴의 아들 요한을 보내셨다. 요한의 임무는 수천 년 동안 이스라엘
백성이 기다렸던 구세주가 곧 오실 것이라는 것을 사람들에게 알리는 것
이었다. 그리고 세례 요한은 백성들에게 구세주를 맞이할 준비를 하도록
가르쳤다.

그러나 이스라엘 백성들이 기대한 구세주는 다른 모습이었다. 그들은
구세주가 오시면 자신들을 로마제국의 압제로부터 해방시켜 주실 것이라

는 기대를 하고 살았다. 하지만 요한은 사람들에게 하나님에 대한 태도, 자기 자신에 대한 태도뿐만 아니라 죄에 대한 태도를 돌이켜 회개하고 세례를 받으라고 선포했다. "회개하라 천국이 가까왔느니라!", "독사의 자식들아!", "아브라함이 우리 조상이라고 생각하지 말라"고 선포하였다. 이는 믿음의 조상 아브라함의 자손됨을 주장하는 유대인들에게 율법주의와 선민사상에서 돌이켜 예수님을 믿음으로만 천국에 들어갈 수 있다는 것을 깨닫게 하기 위함이었다. 요한은 사람들에게 세례를 주었으므로 세례 요한이라고 불렸다.

세례 요한은 제사장의 아들로 태어나 부유하게 살 수 있었지만, 광야로 나가서 살았다. 그는 메뚜기와 석청만 먹고 볼품없는 짐승의 가죽으로 만든 옷을 입고 살았다. 많은 이스라엘 백성은 그런 세례 요한이 선포하는 하나님의 말씀을 믿었다. 그들은 회개의 증거로 세례를 받았는데 그들은 자신들이 세례를 받으면 자신들의 모든 죄가 용서받는다고 생각했지만, 세례를 받는 자체만으로는 죄의 용서를 받을 수 있는 것이 아니었다. 이 세례는 몸 전체가 물속에 완전히 잠겼다가 나오는 행위로써 자신을 구원하실 하나님에 대한 믿음을 다른 사람들 앞에서 공개적으로 시인하는 하나의 의식이었을 뿐이다.

세례 요한의 회개에 대한 메시지를 듣고도 많은 사람은 여전히 마음이 완고하여 하나님의 말씀을 받아들이려고 하지 않았다. 세례 요한은 구세주가 오실 때, 그분을 믿어야만 하나님께서 구세주를 믿는 이들을 받아주시고 구원해 주실 것이라는 메시지를 백성들에게 선포했다. 한번은 세례 요한이 요단강에서 세례를 베풀고 있을 때 예수님이 세례를 받으러 요한에게로 왔다. 요한은 예수님을 보는 순간 '하나님의 어린 양'이라고 사람들에게 말했다.

"여러분! 보십시오. 세상 죄를 지고 가시는 하나님의 어린 양이십니다. 이분이 바로 내가 '내 뒤에 오시지만, 내가 태어나기 전부터 존재하셨다.' 고 말했던 분입니다. 나도 이분이 누구신지를 알지 못했습니다. 그러나 내가 물로 세례를 주러 온 이유는 바로 이분을 이스라엘 백성들에게 알리기 위해서입니다."

세례 요한과 예수님은 친척 관계였다. 세례 요한의 어머니 엘리사벳과 예수님의 어머니 마리아가 친척이었기 때문이다. 세례 요한은 예수님이 자신의 앞에 오시기 전까지 하나님의 아들, 곧 세상에 오실 약속의 구세주인지를 몰랐다. 그러나 하나님의 계시를 본 순간 예수님이 구세주인 것을 분명히 깨닫게 되었다. 이전에 하나님께서 요한에게 말씀하시길, "성령이 하늘에서 비둘기처럼 내려와 머리 위에 머무는 사람이 구세주시다." 라고 가르쳐 주신 것이다.

세례 요한은 예수님이 하나님의 아들임을 이스라엘 백성에게 증거했다. 그러면서 자신은 물로 세례를 주지만 예수님은 성령으로 세례를 주실 것이라고 말했다. 세례 요한은 하나님의 성령이 임하는 사람이 과연 누구일까를 기대하며 기다렸을 것이다. 성령이 임하는 그분이 구세주이신 것은 알고 있었지만, 자신의 친척인 예수님이 구세주일 것이라고는 꿈에도 생각하지 못했을 것이다.

Chapter 05
예수님 당시 유대인들

예수님께서 세상에 오셔서 복음을 전할 당시 이스라엘 백성들 사이에는 일종의 부류가 형성되어 있었다. 우리나라 조선시대에 왕족, 신하, 군인, 양반, 상민, 천민, 노예 등이 있었듯이 이스라엘 백성들도 여러 부류의 계층으로 이루어져 있었다.

성경에 자주 등장하는 계층들로 제사장, 레위인, 바리새인, 사두개인, 서기관, 사마리아인, 병든 사람, 노예 등이 있다. 유대인들은 자신이 아브라함의 자손이라는 사실에 대해 대단한 자부심을 가지고 있었다. 그리고 모세를 통해 주신 하나님의 십계명을 지키려고 부단히 노력했다.

그러나 이들은 겉으로는 하나님의 계명을 지키는 것처럼 보였지만, 마음으로는 지키지 않았다. 대부분 형식적인 삶을 살고 있었다. 특히, 종교 지도자들이 더욱 그러했다. 또한, 이들은 죄인들을 아주 싫어했다. 이스라엘 사람들이 말하는 죄인은, 사마리아 출신 사람들, 병든 사람들, 로마를 위해 세금을 거둬들이는 이스라엘 사람인 세리와 몸을 파는 창녀 등이었다.

레위인은 야곱의 두 번째 아들인 레위의 후손으로 하나님의 일을 할 수 있는 특권을 얻은 자손들이었다. 이들은 제사장 등 하나님의 성전과 관련된 일을 했다. 제사장은 하나님의 말씀인 성경을 백성들에게 읽어주고 풀어서 설명도 해주고 백성을 대신해서 하나님께 제사를 드리는 임무를 맡은 자들이었다. 제사장 중에서도 대제사장은 일 년에 한 번 성전에 들어가서 하나님이 계신 지성소라는 곳에서 이스라엘 백성들의 죄를 대신해 제사를 드리는 직분을 받은 사람이었다.

바리새인은 하나님의 율법을 철저하게 지키는 사람들이었다. 하지만, 이들은 하나님이 주신 계명 이외에 자신들이 만든 수백 가지의 율법으로 사람들이 지키게 했다. 자신들이 만든 율법을 지키지 않으면 죄인 취급하며 상종하지도 않았다.서기관들과 바리새인들은 매우 교만한 계층들이었다. 그들은 금식도 했고, 기도도 했으며, 또 종교적인 일을 많이 했기 때문에 자기들이 그 누구보다도 의로운 사람들이라고 믿었다.

사두개인은 당시 물질적으로 부유층의 사람들이었다. 그들은 자신들의 풍요로운 생활로 말미암아 굳이 천국을 필요로 하지 않았다. 그들에게는 당시의 세상이 자신들에게는 아무 불편함 없는 천국과도 같았다. 그래서 그들은 사후세계를 믿지 않았다. 그들은 당연히 천사도 없고 부활도 없고 영혼이라는 것도 없다고 믿었다.

사마리아인은 이스라엘의 사마리아 지방에 살며, 이스라엘 민족과 다른 민족 사이에서 태어난 혼혈인을 말한다. 솔로몬 왕 이후 북왕국과 남왕국으로 나뉘었을 때, 북왕국을 점령한 앗시리아가 이방 민족을 이스라엘의 사마리아 지역에 이주시켰다. 이방 민족과 뒤섞여 살던 이스라엘 사람들은 이방 민족과 결혼하여 자식을 낳게 되었고, 유대인들은 혼혈인들을 죄인 취급하여 사마리아인이라고 부르며 서로 말도 하지 않았다. 그뿐만 아니라 사마리아 지방을 지나칠 일이 있으면 사마리아인이 사는 마을을 돌아서 갈 정도로 유대인들은 사마리아 사람들을 싫어했다.

성경에는 병자들이 자주 등장하는데, 유대인들은 병에 걸리면 병든 사람들이 죄를 지었기 때문이라고 믿었다. 그래서 그들을 죄인 취급하며 그들과는 같은 자리에서 음식도 먹지 않았다. 신체적인 접촉이 생기는 것조차 꺼렸고 심지어 문둥병자가 가까이 오면 돌을 던져 오지 못하게 했다. 세리는 로마의 앞잡이 노릇을 하며 백성들의 세금을 갈취한 부류였는데, 이들은 정해진 세금 외에 더 많은 세금을 착복하여 자신들의 재산을 축적했다. 이들 역시 이스라엘 사람들이 싫어하는 죄인이었다.

이방인은 아브라함의 후손이 아닌 사람, 즉 다시 말해 이스라엘 백성이 아닌 다른 나라의 모든 사람을 일컫는다. 그리고 유대인들이 생각하는 죄인은 겉으로 보이는 병든 자, 세리, 사마리아인, 이방인들이었다. 그러나 구세주로 오신 예수님은 세상 사람들의 소외된 이들과 억눌린 자와 가난한 사람들을 친구가 되어 주셨다.

Chapter 06
사탄의 시험

구세주로 오신 예수님은 이스라엘 역사, 즉 성경에 기록된 대로 구세주로서의 사명을 잘 수행해야 했고 사탄은 예수님이 구세주의 역할을 하지 못하도록 방해해야 했다. 사탄은 인간으로 오신 예수님을 다른 사람들과 마찬가지로 자기의 지배 아래로 끌어들이려고 했다.

예수님은 하나님의 일을 시작하기 전에 먼저 광야로 가서 아무것도 먹지도 않으시면서 40일을 지내셨다. 40일 동안 굶주렸을 때, 사탄은 예수님께 세 가지의 시험을 했다. 사탄은 예수님께 말했다.

"만약 당신이 하나님의 아들이거든 이 돌을 떡으로 만들어 보시오."

"성경에 '사람이 떡으로만 살 것이 아니라, 하나님의 입에서 나오는 모든 말씀으로 살 것이다.' 라고 기록되어 있다."

예수님은 하나님의 아들이었기에 당연히 돌을 떡으로 만들어서 배불리 먹을 수도 있었지만, 사탄의 어떠한 요구도 들어주지 않으셨다. 사탄은 이번에는 예수님을 성전 꼭대기로 데려가서 성경에 기록된 말씀을 인용하면서 말했다.

"성경에 기록하기를 '그가 너를 위하여 천사에게 명령하여 너를 지킬 것이다. 그들의 손으로 너를 붙들어 네 발이 바위 위에 부딪히지 않게 할 것이다.'라고 했으니 지금 뛰어내려 보시오."

"성경에 기록하기를 '주 너의 하나님을 시험하지 마라!'고 기록되어 있다."

두 번째 시험 또한 예수님이 사탄의 뜻대로 해주지 않자 사탄은 마지막으로 높은 산으로 예수님을 데려가 순식간에 천하만국을 보여 주었다. 그리고 사탄은 예수님께 말했다.

"내가 이 모든 권세와 영광을 주겠소. 이것은 모두 내게 넘어온 것이니, 내가 원하는 사람에게 줄 수 있소. 내게 엎드려 절하면, 이 모든 것이 당신의 것이 될 것이오."

"사탄아, 썩 물러가거라! 성경에 '주 너의 하나님을 예배하고 오직 그분만을 섬겨라!' 라고 기록되어 있다."

사탄은 자신에게 절을 하면 세상의 모든 권세를 주겠다고 했지만, 예수님은 이번 시험도 하나님의 말씀으로 이겨내셨다. 예수님은 세 가지 모든 시험에서 사탄과 싸워서 완전히 승리하셨다. 모든 시험을 이겨내신 예수님은 본격적으로 구세주로서의 일을 시작하셨다.

Chapter 07
하나님의 일을 시작함

예수님이 태어나시기 이전부터 이스라엘 백성들은 로마의 지배 아래에서 고통을 당하고 있었다. 그것이 이스라엘에는 하나님이 정한 것이 아닌 사람이 정한 율법이 어느새 수백 가지나 되어, 율법을 지키기 위한 짐도 만만치 않았다. 종교적인 율법을 통해 백성들에게서 하나님의 사랑을 찾아보기란 거의 불가능했다. 사탄은 어느새 이스라엘의 종교 지도자들을 완전히 소경으로 만들어 버렸다.

물론 그들 중에서도 아주 소수의 무리는 하나님께서 자신들을 구원해주실 것이라는 믿음을 잃지 않고 구세주를 기다리며 살았다. 이때, 세례 요한의 구세주에 대한 메시지는 이스라엘 사람들에게 큰 충격을 일으키기에 충분했다. 그러나 백성들의 기대와는 달리 세례 요한이 구세주라고 인정한 사람은 한낱 시골 목수의 아들에 지나지 않았다. 가문을 보나 재력을 보나 그는 세상적으로 별 볼 일 없어 보였다.

한편, 세례 요한은 죽기 전에 일생일대의 사명인 구세주의 오시는 길을 예비하는 일을 모두 마쳤다. 이제 세례 요한의 시대는 가고 예수님의 시대가 된 것이다. 이 당시 예수님의 나이는 불과 30세 정도였다. 예수님은 복음(福音), 즉 좋은 소식을 사람들에게 전하셨다. 그리고 하나님의 나라가 곧 임할 것이라고 말씀하셨다. 예수님은 사람들이 하나님의 뜻을 받아들이고 그 좋은 소식을 믿는 것이 사탄의 사슬에서 벗어나는 유일한 길이라고 가르치셨다.

그러자 하나님의 말씀을 배우려고 많은 제자와 사람들이 예수님을 따라다녔다. 예수님은 자신을 따르는 많은 제자 중에서 특별히 열두 명의 제자를 선택하셨다. 베드로, 요한, 야고보를 비롯하여 나중에 예수님을 팔아버린 가룻지방 사람 유다까지 포함해서 열두 명의 제자를 선택하셨다. 그리고 이들과 매일 먹고 주무시면서 하나님의 말씀을 가르치셨다. 예수님과 제자들은 이스라엘 전역을 돌아다니며 백성들에게 하나님의 복된 소식을 전했다. 또 제자들로 하여금 말씀을 가르치고 병을 낫게 하며, 귀신을 쫓아내는 일을 하도록 능력을 주시기도 하셨다.

예수님이 성전에서 하나님의 말씀을 전할 때, 종교지도자들뿐만 아니라 말씀을 듣는 모든 사람들은 깜짝 놀랐다. 예수님이 전하는 하나님의 말씀이 너무도 새롭고 신선했을 뿐만 아니라 대단히 권세 있는 새로운 교훈이었기 때문이다. 이전에 종교지도자들이 가르쳤던 것과는 전혀 달리 새롭게 가르치는 예수님의 말씀에 사람들은 신선한 충격을 받았다.

그동안 하나님의 말씀을 전했던 종교지도자들은 정작 자신들은 하나님의 말씀을 전하면서도 믿지 않고 있었다. 대신에 그들은 구원받기 위한 수단으로 자신들의 선행을 믿고 있었다. 그들은 하나님이 기록한 성경의 말씀은 잘 알고 있었지만, 그 안에 담긴 하나님의 진리는 깨닫지 못했다. 정확히 말하자면, 그들은 실제로는 하나님이 어떤 분이신지 알지 못했기 때문에 하나님의 말씀을 명확히 이해할 수 없었던 것이다. 그래서 종교 지도자들은 하나님 말씀을 자기들의 입맛에 맞게 편한 대로 해석하여 사람들에게 가르쳤다.

반면, 예수님은 하나님 아버지를 너무도 잘 알고 있었다. 하나님의 말씀을 가장 정확히 이해했기 때문에 사람들에게 하나님의 뜻을 바르게 가르칠 수 있었다. 그리고 사람들은 점점 예수님의 가르침을 받아들이기 시작했다. 예수님이 가는 곳마다 구름떼처럼 몰려들어 예수님 입에서 나오는 하나님의 말씀을 들으려 했다.

Chapter 08
많은 기적을 행하심

예수님이 이 땅에 오신 목적 중의 하나는 성경에 기록된 하나님의 말씀을 제대로 알고 믿을 수 있도록 사람들에게 가르치시는 일이었다.

예수님은 하나님의 말씀을 많은 사람이 듣고 말씀대로 살아가기를 원하셨다. 그래서 많은 사람이 예수님께 모여들도록 여러 가지 기적을 일으키셨다. 사람들은 예수님의 기적을 보려고 몰려와서 하나님의 말씀을 듣곤 했다. 예수님은 하나님의 말씀을 전하기 위한 수단으로 기적을 행하신 것이었다.

예수님은 귀신들린 사람에게서 귀신을 쫓아내시기도 하셨다. 문둥병도 낫게 하시고, 눈먼 사람이 있으면 눈을 뜨게 하는 기적도 행하셨다. 앉은뱅이를 일으켜 걷고 뛰게 하셨고, 물 위로 걸어가는 기적도 행하셨다. 바다의 태풍도 순식간에 잠잠하게 하는 기적을 일으켰을 뿐만 아니라 심지어 죽은 사람을 살리기도 하셨다. 물고기 두 마리와 보리떡 다섯 개로 5천명 이상 배불리 먹게 하셨고, 물고기 두 마리와 떡 일곱 개로 4천 명 이상을 먹게도 하셨다.

물론 이러한 예수님의 기적은 말씀을 전하기 위한 수단만은 아니었다. 놀라운 기적들을 통해 아픈 자들을 향한 예수님의 사랑을 보여 주셨고 그들의 죄가 사함받게 해주셨다.

Chapter 09
죄를 용서받음으로 나타난 증거

유대인들은 오직 하나님만이 죄를 용서해 줄 수 있다고 믿었다. 그런데 예수라는 사람이 죄인들의 죄를 용서해 주는 것에 대해 종교지도자들은 분노하게 되었다.

예수님은 하나님의 아들로서 죄인을 용서해주실 수 있는 권세가 있음을 사람들에게 나타내셨다. 하루는 예수님이 어떤 집에 계신다는 소문을 듣고 예수님을 만나려고 많은 사람이 모여들었다. 심지어 문밖에도 서 있을 곳이 없을 만큼 많은 사람이 몰려들었다.

네 명의 사람이 친구의 중풍병이 고침받길 바라며 침상에 누운 친구를 침상 채 메고 예수님이 계신 곳으로 왔다. 하지만, 사람들이 너무 많아 그들은 예수님께 가까이 갈 수 없었다. 그러자 이들은 예수님이 계신 집의 지붕을 뜯고 친구를 매달아 내렸다. 지붕을 뜯고 내려진 중풍병 환자를 보신 예수님은 그들의 믿음을 귀하게 여기시고 중풍병 환자에게 말씀하셨다.

"아들아, 네 죄가 용서받았다!"

마침, 거기에 율법학자들이 몇 명 앉아 있었는데, 그들은 '어떻게 이 사람이 저런 말을 하는가? 하나님을 모독하고 있구나, 하나님 외에 누가 죄를 용서할 수 있다는 말인가?' 하고 속으로 생각했다. 예수님은 그들의 생각을 아시고 말씀하셨다.

"어째서 너희가 마음속으로 그런 생각을 하고 있느냐? 이 중풍병 환자에게 '네 죄가 용서받았다!' 라고 말하는 것과 '일어나서 침상을 가지고 걸어라!' 하고 말하는 것 중에 어느 것이 더 쉬운 일이겠느냐? 그러나 인자가 세상에서 죄를 용서할 수 있는 권세가 있다는 것을 너희에게 보여 주겠다."

그리고서 예수님께서 중풍병 환자에게 말씀하셨다.

"내가 네게 말한다. 일어나 침상을 가지고 집으로 가거라!"

그 말을 들은 중풍병자는 즉시 일어나 침상을 들고 모든 사람이 보는 앞에서 걸어 나갔다. 사람들은 예수님의 기적에 놀라고 말았다. 예수님께서 중풍병자에게 죄 용서함을 받았다고 말했을 때, 사람들은 그 중풍병자의 죄가 용서함 받았는지 알 수 있는 방법이 없었다. 죄가 용서받은 것은 눈으로 확인할 수가 없었기 때문이다. 그래서 예수님은 중풍병자가 일어나 걷는 기적을 일으킴으로써 중풍병자의 죄를 용서해 주는 권세가 있음을 사람들에게 나타내신 것이었다.

당시 이스라엘 사람들은 죄 때문에 병이 생긴다고 믿었다. 그래서 병든 사람은 죄가 있다고 여기고 그들을 죄인 취급했다. 그런데 이스라엘 사람들 눈앞에서 중풍병자가 병이 나아 정상인이 되자 그들은 중풍병자였던 사람이 이제부터는 죄인이 아니라고 생각하게 되었다. 이스라엘 백성들은 죄를 용서할 수 있는 분은 오직 하나님뿐이라는 사실을 누구보다도 잘 알고 있었다. 중풍병자의 병을 고친 일을 본 사람 중에서 지혜로운 사람은 예수님께서 하나님이라는 것을 깨달은 사람도 있었을 것이다.

Chapter 10
다시 태어나야 구원받음

유대인의 관원 중에 바리새파에 속한 니고데모라는 사람이 있었다. 니고데모는 우리나라의 시의원이나 국회의원 정도의 사람이었다. 그는 매우 종교적인 사람이었으나 그가 가진 지식으로는 구세주로 오신 예수님을 이해할 수가 없었다.

그래서 예수님께 자신의 고민을 상담받고자 결심했으나, 상류층인 자신이 일반인인 예수를 공개적으로 만난다는 것이 부담스러워 사람들 몰래 밤에 예수님을 만나기로 결심하고 예수님을 찾아갔다.

니고데모는 먼저 예수님께 말했다.

"선생님, 우리는 당신이 하나님께로부터 오신 선생님이라는 것을 압니다. 하나님께서 함께하시지 않는다면, 아무도 선생님께서 하셨던 일들을 행할 수 없습니다."

그런데 갑자기 예수님께서는 니고데모에게, "내가 너에게 진리를 말한다. 누구든지 다시 태어나지 않으면 하나님의 나라를 볼 수 없다!"고 말씀하셨다.

니고데모는 당황스럽고 이해할 수가 없었다.

"사람이 이미 나이가 많아 어른이 되었는데, 어떻게 다시 태어날 수 있겠습니까? 어머니의 태 안에 다시 들어가 두 번씩이나 태어날 수 있겠습니까?"

"내가 너에게 진리를 말한다. 누구든지 물과 성령으로 태어나지 않는다면, 그 사람은 결코 하나님나라에 들어갈 수 없다. 사람이 육체적으로는 그의 부모로부터 태어나지만, 영적으로는 성령으로부터 태어난다."

예수님은 니고데모에게, 죄인으로서 사탄의 종이 되어 살지 말고 사탄의 지배 아래에서 벗어나 하나님의 자녀로 새롭게 태어나야 한다는 의미로 말씀하신 것이었다. 하지만, 니고데모는 그 말씀을 이해할 수가 없었다. 그래서 예수님은 과거 모세가 이스라엘 백성을 인도할 때에 있었던 한 사건에 대해 설명하셨다.

모세가 이스라엘 백성을 이집트에서 인도하여 나와 가나안 땅에 들어가서 정착하기 전에 40년의 세월을 광야에서 유랑생활을 했다. 40년 동안 이스라엘 백성들은 고통스럽고 힘든 나날을 보내며 하나님을 원망하고 불평한 일이 수없이 많았다. 한번은 사람들이 힘들다고 하나님을 원망했을 때, 하나님이 독사를 보내어 사람들이 독사에게 물려 죽게 하셨다. 그러자 모세가 사람들을 대신하여 살려달라고 하나님께 구했다. 하나님은 모세에게 구리뱀을 만들어 장대에 매달고, 장대에 매달린 구리뱀을 본 사람은 모두 살려 주겠다고 하셨고, 실제로 장대에 매달린 구리뱀을 본 사람은 모두 다 살아났다. 이 사건을 예수님은 니고데모에게 비유로 말씀하셨다.

예수님은 이 비유를 통해, 장대에 매달린 구리뱀과 같이 예수님이 장차 십자가에 매달릴 것임을 암시하셨고, 예수님 자신이 하나님이 보내신 구세주라는 사실을 믿으면 영원한 생명을 얻게 되고 사탄의 종에서 하나님의 자녀로 다시 태어날 수 있다고 니고데모에게 말씀하신 것이었다.

Chapter 11
죽은 나사로가 살아남

예수님이 특별히 가까이 지냈던 나사로라는 사람이 베다니라는 마을에 살고 있었다. 나사로는 마리아와 언니 마르다의 오빠였다.

어느 날 나사로가 큰 병에 걸렸다. 여동생들이 예수님께 오빠의 병을 고쳐 달라고 사람을 보냈다. 예수님은 나사로가 큰 병에 걸렸다는 말을 전해 듣고, 나사로의 병은 죽을 병이 아니라 하나님의 영광을 위한 것이라고 말씀하셨다. 그리고 나사로의 병으로 말미암아 하나님의 아들이 영광을 얻을 것이라고 말씀하셨다. 하지만, 예수님은 나사로의 병을 고쳐 주시려고 곧장 베다니로 가시지 않고 소식을 전해 들은 곳에서 이틀을 더 머무셨다. 이틀 후에야 예수님은 나사로가 죽었으니 나사로에게로 가자고 하시면서 제자들과 함께 베다니로 떠나셨다.

드디어 예수님께서 나사로의 집에 도착했다. 그때 나사로는 이미 죽어 무덤 속에 있은 지 4일이나 지난 상태였다. 베다니는 예루살렘에서 약 3킬로미터 조금 못 되는 곳에 있었다. 많은 유대인이 오빠를 잃은 마리아와 마르다를 위로하러 두 자매에게로 왔다. 마르다는 예수님께서 오신다는 소식을 듣고 예수님을 마중 나갔고 마리아는 집에 남아 있었다. 마르다가 예수님께 말했다.

"주님, 주님께서 여기 계셨더라면 제 오빠가 죽지 않았을 것입니다. 그러나 지금이라도 주님께서 하나님께 구하시는 것은 무엇이든지 하나님께서 주시리라는 것을 알고 있습니다."

"네 오빠가 다시 살아날 것이다."

"네 맞습니다. 마지막 날에 있을 부활 때, 제 오빠가 다시 살아난다는 것을 제가 압니다."

"나는 부활이요 생명이다. 나를 믿는 사람은 설령 죽는다 해도 살 것이며, 살아서 나를 믿는 사람은 그 누가 되었든지 결코 죽지 않을 것이다. 네가 이것을 믿느냐?"

"네, 주님. 저는 주님께서 그리스도이시며, 세상에 오시기로 한 하나님의 아들이심을 믿습니다."

마르다는 이 말을 하고는 집으로 돌아갔다. 마르다가 마리아를 따로 불러내어 예수님이 오셔서 마리아를 찾는다고 말씀하셨다. 마리아는 이 말을 듣자마자 곧바로 일어나 예수님에게로 갔다. 예수님은 마을로 들어오지 않으시고 그때까지 줄곧 마르다를 만났던 곳에 계셨다. 마리아와 함께 집에 있으면서 마리아를 위로하던 유대인들은 마리아가 일어나 황급히 나가는 것을 보았다. 그들은 마리아의 뒤를 따라 나오면서 마리아가 통곡하러 오빠의 무덤에 가는 것이라고 생각했다. 그러나 마리아는 예수님이 계신 곳으로 갔다. 마리아는 예수님을 보자 예수님의 발아래 엎드리며 말했다.

"주님, 주님께서 여기 계셨더라면, 제 오빠가 죽지 않았을 것입니다."

이 말을 듣고 예수님은 눈물을 흘리셨다. 그리고서 마리아는 예수님을 나사로의 무덤으로 데려갔다.

유대인의 무덤은 굴을 파서 둥근 돌로 입구를 막아둔다. 예수님은 돌을 옮겨 놓으라고 말씀하셨다. 그러자 마르다는 오빠가 죽어 무덤에 있은 지 이미 4일이나 되어 냄새가 심하다고 예수님께 말했다. 하지만 사람들이 입구에서 돌을 옮겨 놓자 예수님은 고개를 들어 하나님께 감사기도를 하시고 큰소리로 외쳤다.

"나사로야, 나오너라!"

그때 놀라운 일이 일어났다. 죽은 나사로가 손과 발이 천으로 감겨 있는 상태로 밖으로 나오는 것이었다. 예수님은 사람들에게 천을 풀어주어 나사로가 다니게 하라고 말씀하셨다. 죽었던 나사로가 다시 살아난 것이다. 죽은 사람을 살리신 일을 두 눈으로 목격한 유대인들은 두 부류로 나누어졌다. 예수님을 더욱 신뢰하고 믿는 사람들이 생긴 반면에 대제사장들과 바리새인들은 이때부터 예수님을 죽이려고 계획을 세우게 되었다.

예수님은 죽은 나사로를 살리신 기적을 통해, 장차 예수님도 죽었다가 부활하실 것을 미리 사람들에게 알려주신 것이었다. 하지만, 대부분의 사람들은 눈이 어두워 그 사실을 깨닫지 못했다.

Chapter 12
종교지도자들에게 배척당함

예수님 당시 대부분의 종교지도자들은 하나님에 대해 깊은 관심이 없었다. 그들은 단지 일반 대중의 지지를 얻기 위한 수단으로 종교생활을 하였기에 겉으로는 경건한 척했지만 속으로는 하나님을 믿지 않았다. 그들은 세례요한을 통한 하나님의 메시지를 배척했고 구세주로 오신 예수님의 가르침도 배척했다. 그들은 예수님께서 율법을 범하기만을 기다리면서 계속 감시하고 무언가 꼬투리를 잡아 예수님을 죽이려고만 했다.

당시 종교지도자들은 하나님의 말씀에 자신들이 만든 법을 계속 덧붙이곤 했다. 그들은 안식일에 병을 고치는 것은 옳은 일이 아니라고 여겼다. 그들은 병 고치는 것도 일종의 노동으로 생각했다. 또한, 자신들이 필요하다고 생각하는 법을 만들어 그것이 하나님의 율법인 것처럼 포장해서 백성들에게 지킬 것을 강요했다. 예수님은 자신이 하나님의 아들이며 구약시대의 선지자들이 예언한 약속의 구세주라고 말했다. 하나님의 아들이며 구세주라는 말에 종교지도자들은 예수님을 더욱 미워했다. 그뿐만 아니라 백성들의 지지를 받는 예수님이 종교지도자들에게는 점점 위험한 존재로 여겨졌다.

　종교지도자들은 위선자들이었다. 그들은 스스로 아주 경건하다고 생각했지만 속으로는 그렇지 않았으며 겉으로만 입에 발린 말을 하면서 자신들이 말한 것을 백성들이 지키기를 강요했다. 그래서 예수님은 가끔 이들의 속과 겉이 다름을 질책하면서 '독사의 자식', '사탄의 자식'이라고 꾸짖기도 하셨다.

　종교지도자들은 예수님 때문에 자신들의 기득권을 침해받을까 노심초사했다. 그들은 끊임없이 예수님의 잘못을 꼬투리 잡으려고 시도했지만, 예수님은 지혜롭게 빠져나가셨다.

Chapter 13
'예수'라는 이름으로 오신 구세주

인류의 조상인 아담이 하나님의 말씀에 불순종하여 이 땅에 죄가 들어왔고 모든 사람이 죄를 지어 죄인이 되었다. 이 죄로 말미암아 사람은 반드시 육체가 죽고 영혼이 영원한 불 못, 지옥에 떨어지는 형벌을 받게 되었다.

구세주의 가장 중요한 사명은, 죄인이 되어 영원한 형벌을 받을 수밖에 없는 인류를 구원하여 하나님나라로 갈 수 있도록 인도하는 일이었다. 구세주로 오신 예수님은, 죄가 없다고 생각하거나 하나님께 합당할 만큼 선하다고 생각하는 사람들을 위해서 오신 분이 아니다. 자신이 의지할 곳 없는 죄인임을 깨닫고, 오직 하나님이 공짜로 주시는 은혜의 선물로 말미암아 구원받는다는 사실을 믿고 고백하는 사람들의 구세주가 되려고 오신 것이다.

예수님은 제자들에게 아담, 노아, 아브라함, 다윗 등 수많은 선지자와 조상을 통해 세상에 올 것이라고 약속한 구세주가 예수님 자신이라고 말씀하셨다. 예수님은 구세주이시다. 이 세상의 죄를 담당하러 오신 대제사장이시다. 예수님은 이 세상에 진리를 전하러 오신 선지자이시다. 예수님은 이 세상을 다스릴 왕으로 오신 위대한 만왕의 왕이시다. 이 세상에서 구원받을 수 있는 이름은 오직 예수[2]뿐이시다. 부처도 아니고 마호메트도 아니고 공자도 아닌 예수이다. 구세주로 오신 분의 이름은 예수이다. 예수 그리스도만이 천국으로 가는 유일한 길[3]이다.

---

2) 다른 이로써는 구원을 받을 수 없나니 천하 사람 중에 구원을 받을 만한 다른 이름을 우리에게 주신 일이 없음이라 (행 4:12) : 예수님의 이름으로만 구원을 받을 수 있다.
3) 예수께서 이르시되 내가 곧 길이요 진리요 생명이니 나로 말미암지 않고는 아버지께로 올 자가 없느니라 (요14:6).

Chapter 14
하나님이심을 나타내신 예수님

유대인들 중에는 예수님을 선지자 엘리야로 생각하는 사람도 있었고, 어떤 사람들은 죽은 세례요한이라고도 하였고 일부는 선지자 중의 한 사람이라고 생각했다.

유대인들은 다양한 이유로 예수님을 만나려고 몰려왔다. 호기심 때문에, 병 고침을 받기 위해, 로마의 지배로부터 구원해 줄 왕으로 생각하고 몰려들었다. 어떤 이들은 예수님이 혹시 틀린 것을 말하거나 잘못 행동하는 것을 꼬투리 잡고 죄를 뒤집어씌우려는 목적으로 예수님을 찾아가기도 했다. 예수님은 그들에게 하나님만이 하실 수 있는 기적들을 베풀어 주셨지만, 그들은 예수님을 하나님으로 생각하지 않았다.

유대인의 겨울 명절인 수전절이 다가왔다. 예수님께서는 솔로몬 행각이 있는 성전 뜰의 주변을 거닐고 계셨다. 그때 유대인들이 예수님의 주위에 모여들었다. 그리고 예수님께 물었다.

"언제까지 우리를 애태우게 할 작정이십니까? 만일 당신이 그리스도라면 우리에게 터놓고 그렇다고 말해 주십시오."

"내가 전에 말하였으나, 너희는 믿지 않았다. 내가 내 아버지의 이름으로 행하는 일들이 나를 증언하는데도 너희는 믿지 않는다."

예수님은 이제 단호하고 분명하게 자신이 누구인지 말씀하셨다.

"아버지와 나는 하나다!"

이 말을 들은 유대인들은, 하나님을 모독했다며 예수님을 돌로 치려고 했다. 유대인들은 예수님이 행하는 기적과 예수님이 전하는 하나님의 말씀이 좋아서 예수님을 선지자나 위대한 스승으로만 생각했다. 하지만, 하나님이라는 말을 듣는 순간 예수님을 미쳤다고 생각한 사람도 많았다.

예수님은 자신이 하나님임을 여러 번 직간접적으로 밝히셨다. 종교지도자들은 오직 하나님만이 사람의 죄를 용서해 줄 수 있다는 것을 잘 알고 있었는데, 예수님은 중풍병자의 병을 고쳐주신 일을 통해 자신이 하나님이심을 나타내셨다. 예수님이 중풍병자의 죄를 용서하신 일을 통해, 종교지도자들은 자신들의 눈으로 죄가 용서받는 것을 확인했지만, 그들은 예수님을 하나님으로 인정하지 않았다. 또한, 여러 가지 사건들을 통해 예수님이 하나님임을 알리셨지만 그들은 마음이 너무 완악하여서 그 사실을 받아들이려 하지 않았다.

Chapter 15
삼위일체 하나님

성경에는 '삼위일체(三位一體)'라는 단어가 직접적으로 사용되고 있지는 않다. 하지만, 성경에는 삼위일체의 사실적 증거가 많이 드러나 있다. 하나님은 한 분이시면서 동등한 세 인격이 함께하시는 분이시다. 그래서 기독교에서는 하나님을 '삼위일체'의 하나님이라고 부른다. 이것을 설명하기란 인간의 언어나 지식으로는 불가능하다.

하나님을 세 인격으로 표현할 때는 성부 하나님, 성자 하나님 그리고 성령 하나님이라고 부른다. 이것은 인간의 사고로는 이해하기 쉽지 않다. 이 삼위일체라는 말도 인간의 생각과 언어 중에서 그나마 하나님을 표현하는 최고의 단어일 것이다. 세 인격의 하나님 중 어떤 한 분의 능력이 월등히 뛰어나다든지 또는 권한이 더 많다거나 하지 않다. 모두가 동등하시다. 단지 각각의 역할이 다르다는 뜻으로 '삼위'라고 표현한 것이다. '일체'란, 말 그대로 한 분을 의미하는 것이다.

세 인격의 하나님은 영의 세계가 창조되기 이전과 천지 우주가 창조되기 이전부터 계셨다. 삼위일체 하나님은 눈으로 보이지 않는 영의 세계와 지금 우리가 눈으로 보고 마음으로 느끼는 이 모든 우주만물을 창조하신 분이시다. 영의 세계와 우주가 창조되기 이전에 삼위일체 하나님은 영으로 존재하셨고 또한 말씀으로 존재하셨다.

삼위일체 하나님은 태초 이전부터 피조물인 사람을 하나님의 아들들로 삼기 위해, 우리 인간들이 상상하지 못할 엄청난 계획을 세우셨다. 그리고 그 계획을 차곡차곡 진행하셨다. 이 일을 위해 삼위일체 하나님은 삼위로서의 역할을 나누셨다. 그리고 사람들이 이해하기 쉽도록 인간의 세계에서 가장 가까운 아버지와 아들의 관계로 표현하셨다. 그리고 성령(보혜사)이라는 관계로 성경에 나타내셨다.

성부 하나님은 성자 하나님을 이 세상 사람들을 위해 인간의 몸으로 이 땅에 보내셨다. 성자 하나님은 보혜사[4] 성령 하나님을 인류를 위해 보내셨다. 보냄을 받았다고 해서 성자 하나님이나 성령 하나님이 성부 하나님보다 열등한 것이 아니다. 성부, 성자, 성령 하나님은 서로 동등[5]하심과 동시에 하나[6]이시다.

인류의 죄를 구속하시기 위한 구세주를 보내실 때, 하나님은 천사를 보내신 것도 아니고 다른 어떤 존재를 창조해서 보내신 것이 아니라 하나님 자신이 직접 오신 것이다. 그 하나님은 성자 하나님이시다. 성자 하나님은 말씀(영)으로 계시다가 사람의 형체로 오신 분이시다. 성자 하나님은 구세주이시고 이 땅에 예수라는 이름으로 오셨다. 예수님은 '완전한 하나님(Perfect God)'이심과 동시에 '완전한 사람(Perfect person)'이시다.

---

4) 보혜사(성령) : 예수를 구세주로 믿는 사람을 보호하는 역할을 하는 존재.
5) 예수는 근본 하나님의 본체시나 하나님과 동등 됨을 취할 것으로 여기지 아니하시고 (빌 2:6).
6) For there are three that bear record in heaven, the Father, the Word, and the Holy Ghost : and these three are one (요일 5:7, 영문KJV성경).

예수님은 사람처럼 슬퍼하며 울기도 하셨고, 잠도 주무셨고, 화를 내기도 하셨고, 목말라 하셨고 배고파도 하셨다. 그리고 이 땅에서 사람과 같이 죽음을 맞이하기도 하셨다. 하지만 예수님이 사람과 구별되는 것은 결코 죄가 없으신 분이시며, 하나님의 능력을 가지신 분이라는 것이다.

예수님 당시 유대인들은 오직 성부 하나님 한 분뿐이라고 생각했다. 그래서 예수님이 스스로를 하나님이라고 말하자 그들은 하늘에 계신 하나님이 이 땅에 있으면 하늘에는 하나님이 안 계시지 않느냐고 예수님께 반문했다. 예수님은 여러 번 자신이 하나님이심을 알리셨다. 하루는 바리새인들과 그리스도가 누구의 자손인가에 대한 토론을 하셨다. 이 자리에서 예수님은 구약성경의 다윗의 시를 인용하여 말씀하셨다.

"가라사대 다윗이 성령에 감동하여 어찌 그리스도를 주라 칭하여 말하되 주(성부 하나님)께서 내 주(성자 하나님)께 이르시되 내가 네 원수를 네 발 아래 둘 때까지 내 우편에 앉았으라 하셨도다 하였느냐"(마 22:43~44).

예수님은 다윗의 시를 인용하실 때 다윗이 성령에 감동하여 기록했다고 말씀하셨다. 이때 예수님은 성부, 성자, 성령 하나님, 즉 삼위일체의 하나님에 대해 분명히 바리새인들에게 가르치셨다.

성부, 성자, 성령 하나님이 다 모여야 완전한 하나님이신 것은 아니다. 성부 하나님도 완전하시며, 성자 하나님도 완전하시며, 성령 하나님도 완전하시다. 성부 하나님이 인류를 구원하시기 위해 예수님이 되어 이 땅에 오신 것이 아니다. 또, 성부, 성자 하나님의 명령을 받고 월등한 존재로 창조된 성령을 이 땅에 보내신 것도 아니다. 성령 하나님과 성자 하나님과 성부 하나님은 동등하시며 동시에 한 분이시다. 구약시대의 이스라엘 사람들이 불렀던 '여호와'라는 이름은 삼위일체 하나님의 이름이다. 또한, 성부 하나님의 이름이기도 하고 성자 하나님의 이름이기도 하며 성령 하나님의 이름이기도 하다.

인간의 지혜로 삼위일체 하나님을 이해한다는 것은 불가능한 일이다. 단지 예수님을 구세주로 시인하고 하나님을 마음으로 믿고 지금 활동하시는 성령님을 믿음으로 받아들이는 사람들에게 하나님께서 은혜로 깨달음을 주실 것이다.

Chapter 16
예루살렘성으로 들어가심

예수님이 가시는 곳마다 수많은 사람이 모여들었다. 어떤 사람들은 육체의 질병을 치료받기 원했고, 또 어떤 사람들은 예수님이 기적을 일으켜 자신들을 배불리 먹여 주실 것을 기대했고, 대부분의 유대인들은 예수님이 장차 왕이 되시면 로마의 식민지로부터 자신들을 해방시켜 주실 것을 기대했다.

예수님이 마지막 유월절 절기를 지키려고 예루살렘성으로 들어오셨다. 사람들은 예수님이 예루살렘성으로 오신다는 소문을 듣고 왕으로 추대하기 위해 성 밖으로 몰려나왔다. 그리고 왕을 맞이하듯 자신들의 겉옷을 땅바닥에 펼치고 종려나무 가지를 흔들며 예수님을 환영하며 맞이했다. 이들은 예수님이 자신들을 로마의 압제에서 구원하실 왕으로 생각했다.

한편, 예수님은 성경에 기록된 예언을 이루시기 위해 의도적으로 어린 나귀를 타고 예루살렘성으로 들어오셨다. 백성들은 예수님을 찬양하며 하나님께서 선지자의 예언으로 약속하신 왕을 보내셨다고 좋아했다.그러나 불행히도 대부분의 사람들은 예수님께서 자신들을 사탄의 지배와 죄와 하나님의 진노로부터 구원하실 분임을 알지 못했다. 단지, 예수님이 왕이 되셔서 모든 적으로부터, 특히 로마의 통치로부터 구해 주시기를 바랐다.

반면 유대인 종교지도자들은 예수님을 죽이기로 결정하고 방법을 찾고 있었지만, 예수님을 따르는 사람들이 너무 많아졌기에 예수님을 공공연히 죽일 수 없었다. 이때, 예수님의 제자 중 한 사람인 가룟 사람 유다가 종교지도자들을 찾아가서 돈을 주면 예수님을 넘겨주겠다고 약속했다. 종교지도자들은 굴러온 떡을 먹을 좋은 기회로 생각하고 예수님을 넘겨받는 조건으로 은 삼십을 가룟유다에게 주었다.

Chapter 17

최후의 만찬과 배신

예루살렘으로 입성하신 예수님은 제자들과 함께 마지막으로 식사자리를 마련하셨다. 예수님은 제자들과 식사를 하며 의미심장한 말씀을 하셨다. 떡을 찢어 나누시며 떡이 찢어진 것처럼 예수님의 몸이 대적들에 의해 찢겨질 것이고, 포도주를 제자들에게 주시며 그것이 예수님이 흘릴 피라고 말씀하셨다. 그리고 제자들에게 떡과 포도주를 나누는 일을 기념하여 지키라고 말씀하셨다.

식사자리를 통해 예수님은 제자 중 한 사람의 배신으로 당신이 죽을 것이라고 말씀하셨다. 제자들은 서로 얼굴을 쳐다보며 자신이 혹시 예수님을 배신하는가 하며 예수님께 여쭤보았다. 예수님은 가룟유다가 자신을 팔 것임을 간접적으로 알려주셨다. 그리고 예수님은 제자들과 함께 특별한 시간을 마련하셨다. 친히 제자들의 발을 씻겨주시며 제자들도 서로 섬기며 살라고 가르치셨다. 그리고 새로운 계명을 제자들에게 가르쳐 주셨다.

"제자들아!"

"예, 주님 말씀하십시오."

"내가 너희에게 새 계명을 준다. 서로 사랑하여라. 내가 너희를 사랑한 것같이 너희도 서로 사랑하여라. 너희가 서로 사랑하면, 모든 사람이 너희가 내 제자인줄 알 것이다."

한편, 종교지도자들이 예수님을 죽이려는 방법을 찾던 중 예수님의 제자인 가룟유다가 찾아와 예수님을 넘겨주겠다고 했고 이에 대한 조건으로 은전 30을 주었다. 예수님을 배반한 가룟유다는 예수님이 유죄판결을 받는 것을 보고 양심에 가책을 느꼈다. 그래서 은전 30냥을 대제사장에게 돌려주려고 갔지만 대제사장들은 거래가 끝났다는 이유로 받지 않았다. 유다는 결국 은전을 성전에 던져버리고 밖으로 나와 목매어 죽었다.

Chapter 18
부당한 재판을 받음

마지막 식사를 하시고 예수님은 제자들과 함께 겟세마네라는 동산으로 기도하러 가셨다. 예수님은 자신이 십자가에 못 박혀 죽을 것을 아셨기 때문에 마음이 너무 고통스러우셨다. 그래서 자신을 위해 기도해 달라고 제자들에게 부탁하시고 조금 떨어진 곳에서, 땅에 엎드려 하나님께 기도했다.

"아버지여! 십자가에서 죽는다는 것이 너무나도 감당하기 힘든 일입니다. 가능하다면 십자가에서의 죽음을 피하게 해 주십시오. 그러나 내 뜻대로 하지 마시고, 아버지의 뜻대로 하소서!"

기도를 마치고 제자들에게 와 보니 제자들은 피곤함에 지쳐 잠에 빠져 있었다. 예수님은 제자들을 깨우며, 다시 자신을 위해 기도해 달라고 부탁하시고 조금 떨어진 곳에서 다시 같은 내용의 기도를 하셨다. 이렇게 세 번 같은 기도로 하나님께 부르짖을 때, 너무나도 간절히 기도를 했기에 땀이 피가 되어 땅에 떨어졌다.

때가 되었다. 가룟유다가 대제사장의 하인들과 군인들과 함께 망치와

몽둥이를 들고 예수님을 잡으러 왔다. 예수님은 이들에게 잡혀서 대제사장에게로 끌려갔다. 제자들은 자기들도 잡혀갈까 봐 두려워서 모두 도망치고 말았다. 대제사장들과 장로들과 율법학자들이 모두 모인 유대인 의회에서 예수님을 죽이려고 증거를 찾았으나 죽일 만한 증거를 찾지 못했다.

많은 사람이 예수님에 대하여 거짓 증언을 했지만 그들의 말도 서로 맞지 않았다. 그때 몇 사람이 예수님이 성전을 헐고 사람이 짓지 않은 다른 성전을 삼일 만에 세우겠다는, 말도 안 되는 소리를 했다고 전했다. 하지만, 이 증언도 서로 일치하지 않아 예수님을 죽일 명분을 찾지 못했다. 종교지도자들은 아무리 예수님을 정죄해도 예수님은 아무 말도 하지 않았다. 그래서 이번에는 대제사장이 예수님께 직접 물었다.

"네가 하나님의 아들 그리스도가 맞느냐?"

"내가 바로 하나님의 아들 그리스도이다!"

예수님은 자신이 하나님의 아들, 즉 이스라엘 백성이 믿는 '바로 그 하나님'이라고 말씀하신 것이다. 그러자 대제사장이 하나님을 모독하는 말을 했다며 자신의 옷을 찢고 예수님이 사형 받아 마땅하다고 하였다. 그리고 어떤 사람들은 예수님께 침을 뱉고 얼굴을 가리고 주먹으로 치며 조롱하기도 했다.

이른 아침이 되자 대제사장들과 장로들과 율법학자들이 의회 전체회의를 열어 예수님을 죽일 것을 결의한 후, 예수님을 묶어서 당시 로마에서 보낸 이스라엘의 총독 빌라도에게로 넘겼다. 종교지도자들은 자신들에게 사람을 함부로 죽일 권리가 없었기 때문에 사형집행을 할 수 있는 권한이 있는 로마 총독 빌라도에게로 예수님을 데려간 것이다.

빌라도는 예수님을 심문했지만 예수님은 죽일 만한 죄를 발견하지 못했다. 그래서 사람들에게 예수님이 죽을 만한 일을 한 것이 없으니 풀어주겠다고 했다. 사람들은 빌라도의 말에 예수님을 죽이라고 외쳐댔다. 마치 사람들이 폭동을 일으킬 분위기였다. 그래서 빌라도는 할 수 없이 예수님을 십자가에 못 박으라고 내어 주었다. 빌라도는 자신의 권한으로 예수님이 죄가 없으므로 살릴 수 있었지만, 군중들의 폭동을 두려워하여 죄가 없는 예수님을 십자가에 못 박아 죽이는 것을 허락한 것이다.

Chapter 19
십자가에 못 박혀 죽음

빌라도 총독의 공관에서 예수님은 채찍질을 당하시고 초주검 상태로 십자가를 지셨다. 그리고 예루살렘 성벽 바깥에 있는 '골고다'라는 언덕으로 무거운 십자가를 지고 가셨다. 십자가형은 로마의 죄수 중에서도 가장 악독한 죄수들에게 행하는 사형이었다. 온몸에서 물과 피가 다 빠져나와 장시간 고통 끝에 죽고 마는 참혹한 형벌이었다.

어제까지 예수님을 왕으로 환영하던 사람들은 돌변하여 예수님을 십자가에 못 박으라고 부르짖었으며, 십자가를 지고 가는 동안 예수님을 저주하고 조롱하였다. 9시경 예수님은 십자가에 양손과 두 다리에 못이 박혀 달리셨다. 정오가 되자 온 세상이 캄캄하게 어두워졌고, 오후 3시까지 어둠이 계속되었다. 오후 3시경, 예수님은 십자가에 못 박혀 최후의 한마디 말을 하셨다.

"다 이루었다!"

예수님은 마지막 한마디의 말씀을 하시고 돌아가셨다. 이때 엄청난 일이 벌어졌다. 성전의 휘장이 위에서 아래로 두 조각으로 갈라졌다. 땅이

흔들리고 바위가 쪼개졌다. 또한 병에 걸렸던 많은 사람의 병이 나았으며, 심지어 유대인의 무덤은 동굴을 파서 만들었는데 죽었던 사람들이 살아나는 일도 발생했다. 예수님을 지키던 장교와 병사들은 이러한 광경을 목격하고 놀라지 않을 수 없었다. 그들은 예수님이 진실로 하나님의 아들이라고 고백했다.

몇 시간만 지나면 유대인의 안식일이었다. 유대인들은 안식일에 부정한 시신을 십자가에 그대로 둘 수 없으니, 다리를 부러뜨려 죽이고 시신을 내려달라고 요구했다. 군인들이 가서 예수님과 함께 못 박힌 첫 번째 사람의 다리를 부러뜨리고 다른 사람의 다리도 부러뜨렸다. 그러나 군인들이 예수님께 가보니 예수님이 이미 죽어 있었다. 군인들은 예수님이 죽었는지 확인하고자 옆구리를 창으로 찔렀다. 옆구리에서 피와 물이 쏟아져 나왔다. 이로써 성경의 예언은 그대로 이루어졌다. '창으로 찔릴 것'이라는 것과 '뼈가 상하지 않을 것'이라는 예언이 이루어졌다.

한편, 아리마대 지방에 사는 요셉이라는 사람이 예수님을 장사하기 위해 총독 빌라도를 찾아가서 예수님을 십자가에서 내려 장사하게 해 달라고 부탁했다. 아리마대 요셉은 자신을 위해 준비한 새 무덤에 예수님을 모셨다. 그리고 큰 돌을 굴려 무덤의 입구를 막고 돌아갔다. 다음날 대제사장들과 바리새인들이 빌라도 총독을 찾아갔다. 예수가 살아 있을 때, 삼일 뒤에 살아난다고 했으니 군사들로 하여금 무덤을 3일째 되는 날까지 지키게 해 달라고 요청했다. 빌라도는 명령을 내려 경비병들을 무덤에 보내어 무덤의 돌을 인봉하고 3일 동안 지키게 했다.

예수님은 십자가에서의 죽음을 통해 인류에 대한 사랑을 확증하셨다. 그때까지 유대인들은 자신의 죄를 대신해 짐승을 죽여 제물로 하나님께

드려야 했다. 죄를 지을 때마다 짐승을 죽이는 일을 반복해야 했던 것이다. 그러나 예수님은 유대인들의 모든 죄를 위해 대신 십자가에서 피를 흘려 죽으셨다. 그래서 유대인들은 더이상 자신의 죄를 위해 짐승을 죽여 제물로 바칠 필요가 없게 되었다.

물론 예수 그리스도는 유대인의 죄를 위해서만 십자가에서 죽으신 것이 아니다. 모든 인류를 대신해서 십자가에 달리신 것이다. 그래서 유대인뿐만 아니라 누구든지 예수 그리스도가 자기를 위해서 죽으셨다는 사실을 믿고 인정하면, 죄의 대가인 영원한 지옥의 형벌을 받지 않게 된다.

예수 그리스도를 자신의 구세주로 믿는 사람들은 과거에 지었던 모든 죄가 모두 용서받을 뿐만 아니라 현재 지은 죄와 앞으로 지을 죄에 대해서도 모두 용서받게 된다. 그렇기 때문에 그들에게는 더 이상 죄에 대한 심판이 없게 된다. 그리고 죄를 지을 때마다 짐승을 죽여 제사를 지낼 필요도 더 이상 없게 되었다. 예수님이 십자가에서 죽으신 단 한 번의 사건으로 모든 죄의 문제가 해결되었다. 만약, 예수님께서 십자가에서 죽지 않으셨다면, 우리는 지금도 죄에 대한 대가를 치르기 위해 우리 자신을 대신해서 짐승을 죽여 하나님께 제사를 드려야 한다.

Chapter 20
죽었다가 다시 살아남

예수님이 십자가에서 죽은 지 삼일이 되었다. 이스라엘에는 죽은 사람의 시신에 향료를 바르는 관습이 있었다. 그래서 예수님의 어머니 마리아와 다른 여인들은 예수님의 시체에 향료를 바르려고 새벽에 무덤으로 향했다. 여인들은 무덤으로 향하면서 무거운 돌을 어떻게 옮길까 고민했다. 그러나 고민도 잠시뿐 놀라운 일이 벌어졌다. 무덤 입구를 막아둔 큰 돌이 옮겨져 있었고 무덤 속에는 예수님의 시신이 없었다. 잠시 후 무덤 속에서 두 천사가 그들을 맞이했다. 그리고 천사는 예수님이 살아나셨다고 말해 주었다. 여인들은 그 사실을 믿을 수가 없었다. 이전에 예수님께서 다시 살아나시겠다는 말씀을 여러 번 했지만, 그 말이 생각나지도 않았다.

여인들은 마침 동산지기처럼 보이는 사람을 만났게 되었고 그 사람에게 예수님의 시신을 혹시 다른 곳으로 옮겼으면 어디에 있는지 가르쳐 달라고 애원했다. 그때 그 사람이 여인들에게 말을 건네자 여인들은 그분이 예수님이심을 깨닫고 기뻐했다. 그리고 제자들에게 가서 예수님이 살아나셨음을 알렸다. 이 소식을 들은 베드로와 다른 예수님의 제자는 무덤으로 달려가 이를 확인하였다. 정말로 예수님은 부활하시고 더 이상 무덤에 계시지 않았다.

이처럼 예수님은 자신의 능력으로 죽음에서 부활하여 죽음에서 살아난 첫 번째 사람이 되셨다. 그리스도인은 그리스도 예수를 구원자로 믿고 예수의 가르침대로 사는 사람이다. 예수님의 부활이 없었다면 그리스도인[7]들이 전하는 복음[8]도 아무 소용이 없을 것이며, 예수님을 믿는 사람이 세상에서 가장 불쌍한 사람들이 되고 말 것이다.

복음은 '복된 소식', '반가운 소식'이라는 뜻으로 죄인을 구원하기 위해 사람으로 오셨다가 십자가에서 죽으시고 삼일 만에 부활하신 예수 그리스도를 뜻하는 말이기도 하다. 예수님의 부활로 하나님께서 구약시대에 선지자들을 통해 말씀하신 것이 모두 이루어졌다.

---

7) 그리스도 예수님을 구원자로 믿고 예수님의 가르침대로 사는 사람.
8) '복된 소식, '반가운 소식'이라는 뜻으로 예수님과 예수님의 말씀과 예수님에 관한 모든 것.

Chapter 21
하늘로 가시고 다시 오실 것을 약속함

예수님의 죽음에 충격을 받은 제자들은 앞으로 어떻게 해야 할지 방향을 잃고 좌절에 빠져 있었다. 그때, 부활하신 예수님은 제자들과 다른 사람들에게 여러 번 나타나셔서 위로도 하시고 하나님의 나라에 대한 말씀도 가르치셨다. 예수님은 이제 세상을 떠나 원래의 자리로 가실 때가 되었음을 아시고 제자들과 예수님을 따르던 추종자들에게 마지막으로 모습을 드러내신 것이었다.

예수님은 사도들이 모인 자리에 나타나셔서 예루살렘을 떠나지 말고 모여서 기도하면 약속한 대로 성령을 선물로 받을 것이라고 말씀하셨다. 성령이 임하면 권능을 받아서 예루살렘과 이스라엘과 이 세상 끝까지 가서 예수님의 증인이 될 것이라고 말씀하셨다. 예수님은 죽었다가 부활하시고 40일 동안 이 땅에 계시다가 500명의 사람들이 보는 앞에서 하늘로 올라가셨다. 하나님이신 예수님은 이 땅에 사람으로 태어나셔서 인류의 모든 죄를 대신해서 죽으셨고 삼일 만에 부활하셔서 하늘나라로 가셨다. 그리고 때가 되면 이 세상에 다시 오실 것이라고 약속하셨다.

Chapter 22
약속하신 성령을 보내심

예수님이 승천하시는 모습을 지켜본 500명의 사람들 중에 많은 사람은 예수님의 말씀대로 다락방에 모여서 기도하기 시작했다. 다락방에 모인 사람들은 예수님이 보내주시겠다는 성령이 어떤 분인지 잘 알지 못했지만 열심히 기도했다. 하지만, 10일이 지났을 때는 많은 사람이 떠나고 120명만 기도하며 성령을 기다렸다.

그때였다. 하늘에서 불이 혀같이 각 사람의 머리 위에 내려왔다. 그들은 성령을 받고 너무 행복하고 기뻐서 견딜 수가 없었다. 이제 좌절과 절망을 이겨내고 사람들에게 뛰쳐나가 예수님에 대한 복음을 담대히 전하게 되었다. 그들은 예수님께서 자신들을 대신해서 죽으셨다는 사실을 성령님의 도움을 통해 깨우치고 믿게 되었다. 약속하신 성령을 받은 120명의 제자들은 죽음의 두려움을 이겨내고 세상으로 뛰쳐나와 예수 그리스도를 알리기 시작했다. 어떤 제자들은 기적을 일으켰고, 또 다른 제자는 예수님에 대한 설교를 할 때 그 자리에서 3천 명이나 되는 사람들이 예수님을 구세주로 믿고 받아들였다.

그리하여 제자들과 예수님을 따르는 추종자들이 기하급수적으로 늘어났다. 그들은 모임의 장소를 위해 기꺼이 자신들의 집을 내놓았다. 그리고 이들이 모인 장소가 교회가 되었다. 이들은 교회를 통해 말씀을 배우고 서로 친교하며 식사도 같이하고 형제와 자매처럼 지내며 살았다. 그리고 그들은 자신들의 재산을 스스로 교회에 헌납하였고, 이 물질들은 가난한 이웃과 복음을 전하는 곳에 사용되었다. 예수님의 이름으로 두세 사람이라도 모이면 그곳에는 어김없이 성령께서 늘 함께하셨다.

성령을 받은 제자들은 강하고 담대한 사람으로 변화되었다. 더이상 세상에 두려울 것이 없었다. 기꺼이 자신들 대신 죽은 예수님을 위해 목숨까지도 바쳤다. 예수님의 말씀대로 예루살렘과 이스라엘과 세상 끝까지 예수님에 관한 좋은 소식을 전하려고 일생을 바쳤다. 제자들의 복음을 듣고 예수님을 자신의 구세주로 받아들인 많은 사람은 또 다른 사람에게 복음을 전하게 되었다.

기원전에 하나님을 믿었던 이스라엘 백성들에게는 성령께서 항상 나타나지 않았다. 성령은 잠깐 사람에게 왔을 뿐이었다. 선지자들에게 성령이 잠깐 왔을 때, 하나님의 감동으로 예언도 하고 놀라운 기적도 일으켰다. 하지만, 예수 그리스도께서 약속하신 성령이 오신 이후로는 성령이 늘 믿는 사람 속에 계신다. 2천여 년 전에도 함께하셨고 지금도 늘 함께하신다. 그래서 믿는 우리들은 곧 성령이 거하시는 하나님의 성전이다.

예수님에 대한 복음은 성령의 도움으로 200여 년 전에 한국 땅에도 전해졌다. 이로 말미암아 우리는 예수님을 믿을 수 있는 복된 기회를 얻었다. 그리고 우리는 예수님을 구세주로 믿고 구원의 은혜를 누리게 되었다.

Chapter 23
역사적 사건을 통한 구세주에 대한 비밀

성경에는 구세주에 대한 예언이 수없이 많이 기록되어 있다. 역사적으로 실제로 일어난 사건들 속에 구세주에 대한 비밀이 감추어져 있다.

아담이 하나님께 불순종하여 공의의 하나님으로부터 죽음의 형벌을 받았지만, 사랑의 하나님께서는 인간의 영혼만은 살 길을 열어주셨다. 여자의 후손이 뱀의 머리를 상하게 하는 것으로 말이다. 여자의 후손이 바로 예수 그리스도이시다.

기원전 2천 5백여 년경, 세상에 홍수심판이 있었을 때, 노아를 통해 구원의 방주를 만드셨다. 방주의 창문은 여러 개 만들었지만, 출입구는 오직 하나만 만들어 그곳으로 들어온 사람과 동물만이 구원을 얻었다. 이 역사적인 노아의 홍수 사건을 통해 하나님은 구원의 길은 오직 예수 그리스도 한 분뿐임을 비밀로 감추어 두셨다. 하나님께서 어떤 이름으로도 구원의 길을 주신 적이 없다. 오직 예수님만이 유일한 구원의 길이시다.

기원전 2천여 년경, 아브라함이 자식 이삭을 제물로 바친 사건을 통해서 이삭 대신 수양이 제물로 바쳐졌다. 그리스도 예수께서 모든 인류를 대신하여 십자가에서 제물이 되심을 비밀로 감추어 두신 것이다. 야곱은 형 에서의 장자에 대한 축복기도를 아버지를 속여서 차지했다. 이 일로 인해 형으로부터 죽임을 당할까 봐 외삼촌 집으로 피신할 때, 야곱이 벧엘이라는 곳에서 돌베개를 베고 잠을 잤다. 꿈에 사다리가 땅에서부터 하늘로 닿았고 천사들이 사다리 위로 오르락내리락하는 광경을 보았다. 사다리는 구세주를 상징한다. 하나님과 단절된 인간은 더이상 하나님께 나아갈 수 없지만, 사다리를 통해서 하나님께 나아갈 수 있듯이 그리스도를 통해서만이 하나님께 나아갈 수 있는 것이다.

기원전 1,400여 년경, 이스라엘 백성이 이집트를 탈출하고 나서 성막을 지어 하나님이 계실 곳을 만들었다. 하나님을 만나려면 하나뿐인 성막 문을 통해서 휘장을 지나야만 가능했다. 성막 문은 그리스도를 상징한다. 사람들은 감히 하나님과 대면할 수가 없었다. 하나님과 사람들의 사이에는 휘장으로 막혀 있었다. 이후 솔로몬이 성전을 건축했을 때도 휘장으로 하나님과 만날 수 있는 길을 막았다. 그러나 예수님께서 십자가에서 죽으심과 동시에 휘장이 찢어졌다. 이후로는 휘장이 없으므로 누구나 언제든지 하나님께 담대히 나아갈 수 있게 되었다. 구세주 예수께서 하나님과 사람 사이에 막혀 있던 담을 허물어버리신 것이다.

기원전 1,400여 년경, 이스라엘 민족이 광야에서 생활하며 하나님께 자주 불평했을 때 하나님은 그들에게 독이 가득한 독사를 보냈다. 사람들은 독사에게 물려 죽어갔다. 그리고 하나님은 모세를 통해 구리뱀을 만들어 장대에 달게 하시고 장대에 달려 있는 구리뱀을 쳐다본 사람은 모두 죽지 않게 하셨다. 장대에 달린 구리뱀은 십자가에 달린 예수 그리스도를 상징한다. 십자가에서 죽으신 예수 그리스도를 믿는 사람에게는 죽음에서 구원의 길을 열어 주셨다.

기원전 760여 년경, 요나 선지자가 하나님의 명령을 피해 도망가다가 큰 물고기에게 통째로 삼켜졌다. 요나는 3일을 물고기 뱃속에 있다가 살아났다. 요나의 기적은 예수 그리스도께서 십자가에 죽으시고 3일 만에 부활하실 것을 나타낸 것이다. 이스라엘 백성은 자신의 죄를 대신하여 어린 양을 죽인다. 이 어린 양은 구세주를 상징한다. 예수께서 하나님의 어린 양으로 오셨다고 성경은 기록하고 있다.

이외에도 성경에는 역사적인 사건들을 통한 구세주에 대한 비밀이 많이 숨겨져 있다. 이 비밀을 발견하고 찾는 이들은 복 받은 사람들이다. 하나님이신 구세주가 예수라는 이름을 갖고 사람의 몸으로 세상에 오신 목적은 세상 모든 사람의 죄를 대신하여 십자가에서 죽으심으로써 구원의 길을 열어주심과 동시에 사탄의 일을 멸하시기 위함이었다.

덧붙이는 글

말씀, 기도, 찬송, 체험 등의 여러 가지 신앙 요소 중에서 사람에 따라 차이가 있겠지만, 필자는 성경 말씀을 바르게 알고 믿어 하나님의 뜻대로 신앙 생활하는 것이 가장 중요하다고 생각합니다.

이 글을 읽는 분 중, 구세주 예수님을 마음에 진실로 믿지 않는 분들에게, 나의 노력이 아닌 하나님의 은혜로 말미암아 믿음으로 먼저 구원받은 자로서 부탁드리고자 합니다.

하나님은 인류의 모든 사람이 구원받고 진리를 알기 원하십니다. 하나님은 사람을 포함한 모든 만물을 창조하셨습니다. 하나님은 첫 사람 아담을 하나님의 성품을 닮은 완전한 사람으로 창조하셨습니다. 그래서 아담은 완전한 지성, 감정, 의지를 갖추게 되었고, 자신의 완전한 의지로 무엇이든지 선택할 권리가 있었습니다. 하지만, 아담은 완전한 의지로 하나님께 대한 불순종을 선택하게 되었습니다. 그로 말미암아 하나님과 사람의 영혼은 단절되었으며, 육체는 죽음을 맞이하게 되었습니다.

공의의 하나님은 불순종의 대가로 사람의 육체를 죽여야 했지만, 사랑의 하나님이시기도 하기에 영혼은 살길을 열어 주셨습니다. 그 길은 구세주를 통한 완전한 구원입니다. 한 사람 아담으로 말미암아 많은 사람이 죽게 되었고, 한 사람 구세주 예수님으로 말미암아 많은 사람이 구원을 얻게 되었습니다.

성경은 세상 모든 사람에게 주신 하나님의 말씀이지만, 특히 하나님을 믿는 사람이 바로 해석하고 지키라고 주신 진리의 말씀입니다. 예수님께서 양과 염소의 비유를 설교하신 적이 있습니다. 이 말씀은 교회를 출석하는 사람과 하나님을 믿지 않는 사람에 대해 구별한 비유가 아닙니다. 이 말씀은 교회 안에서 신앙생활 하는 사람들에 대한 비유입니다. 즉, 교회만 출석한다고 구원받는 것이 아닙니다. 구세주로 오신 예수님을 자신의 구원자로 믿어야만 구원받을 수 있습니다. 우리는 신앙생활을 열심히 하고 교회를 위해 봉사도 열심히 하고 헌금도 열심히 하니 하나님께서 구원해 주실 것이라는 착각에 빠지면 안 됩니다. 만약, 그런 사람이 있다면 빨리 착각에서 벗어나야 합니다. 정확히 말씀드리면 2천여 년 전에 십자가에서 모든 사람의 죄를 위해 죽으신 예수님을 구세주로 받아들이는 사람만이 구원받아 천국에 갑니다. 예수님은 죄가 없으신데 십자가에서 나 대신에 죽으셨다는 것과 내가 예수님을 십자가에 매단 죄인임을 고백하고 죄의 용서함을 받을 때 구원을 받을 수 있습니다.

이 구원의 길은 하나님의 말씀을 많이 듣고, 나의 자유의지로 하나님의 말씀을 믿고 입으로 시인할 때, 하나님께서 공짜로 주시는 은혜로 말미암아 믿음으로 이르게 됩니다. 교회 다니는 사람이 구원받았는지 받지 못했는지를 사람들은 알 수 없습니다. 구원을 선물로 주시는 분만이 알 것입니다. 하지만, 나무가 어떤 나무인지는 그 열매로 알 수 있습니다. 사과 열매가 열리면 사과나무이고, 복숭아 열매가 열리면 복숭아나무라는 것을 알 수 있듯이 우리가 구원받았는지는 우리의 바른 행위를 통해 구원의 증거로 나타납니다. 그러나 결코 선행과 거룩함과 같은 행위는 구원받기 위한 수단이 아닙니다. 이것들은 구원받은 결과로 나타나는 것입니다. 많은 믿는 사람이 선한 행위를 하여야 구원을 받는다는 착각에 빠져 있습니다. 분명히 성경에서는 믿음으로만 구원을 받을 수 있다고 기록하고 있습니다.

믿음은 어떤 신비한 느낌이나 체험의 산물만은 아닙니다. 구원에 이르는 믿음이란 객관적, 역사적, 성경적 사실에 근거하는 것입니다. 하나님께서 죄인인 우리 모두에게 제시하시는 구원의 조건은 참으로 단순합니다. 성경에 기록되었듯이 2천여 년 전에 구세주 예수님이 나의 죄를 위해 십자가에서 대신 돌아가셨다는 역사적인 사실을 믿으면 됩니다. 그리고 예수님으로 말미암아 나는 이제 더이상 죄에 대한 형벌을 받지 않는다는 사실을 마음으로 믿고 입으로 고백하면 됩니다.

아직 예수님을 구세주로 믿지 않는 분들은 이 책을 통해 예수 그리스도를 발견하고 구원에 이르시기를 소망합니다. 예수님을 구세주로 믿고 있는 성도들은 하나님의 말씀대로 사는 생활을 해야 하며 하늘의 상급을 받기 위해 행위로 믿음을 보여야 합니다.

이 책을 읽은 모든 분들이 하나님께서 주시는 구원의 선물을 받으시기를 진심으로 소망합니다.